Gärten
neu gestalten

Titel der Originalausgabe:
Changing Gardens
Hamlyn, Octopus Publishing Group Ltd.
2-4 Heron Quays, Docklands, London E 14 4JP

Copyright © 2001 Octopus Publishing Group Ltd.

Dieses Buch folgt den Regeln der neuen deutschen Rechtschreibung

Augustus Verlag München 2001
© Weltbild Ratgeber Verlage GmbH & Co. KG
Alle Rechte vorbehalten
Umschlaggestaltung: Vera Faßbender, Augsburg
Illustration: Trevor Lawrence und Pamela Williams
Satz: Gesetzt aus der Adobe Garamond
von Agents – Producers – Editors, Overath
Reproduktion: Toppan, China
Gedruckt auf chlorfrei gebleichtem Papier
Printed in China

ISBN 3-8043-7214-7

Susan Stephenson

Gärten
neu gestalten

Ideenreiche Pläne für jeden Garten

Gestaltungsprinzipien, Accessoires, Pflanzen

AUGUSTUS

INHALT

EINFÜHRUNG

Ein geschickt geplanter und gut gepflegter Garten kann das ganze
Jahr hindurch zu einem Quell der Freude werden – wenn Sie sich
etwa an einem warmen Sommerabend im Hinterhof am Duft
Ihrer Lieblingsrosen erfreuen oder im Winter einen flüchtigen Blick
auf ein paar Schneeglöckchen erhaschen.

Wenn Sie Ihren Garten verändern wollen oder gerade in ein Haus eingezogen sind, dessen Garten noch in den Anfängen steckt, dann nehmen Sie sich Zeit, Ihr Grundstück zu erkunden. Wägen Sie seine Vor- und Nachteile ab und machen Sie sich Gedanken darüber, was Sie von diesem Bereich erwarten. Erst wenn Sie sicher sind, dass Ihr Traumgarten Ihrem Geldbeutel und Lebensstil entspricht, sollten Sie mit seiner Verwirklichung beginnen.

Im Gestalten eines schönen, Ihren Bedürfnissen entsprechenden Bereiches liegt das Wesen guten Gartendesigns. Der erste Teil dieses Buches geht darauf ein, was bei der Planung Ihres Gartens zu berücksichtigen ist. Sie finden praktische Tipps zu einer Reihe von Fragen vom Problem der Gestaltung eines Hanggrundstückes bis zur Platzierung dekorativer Elemente. Auch die Entscheidung für einen Gartenstil wird angesprochen. Möchten Sie eine raffinierte, zum Aufenthalt im Freien

einladende Dachterrasse, brauchen Sie Platz für ein Gewächshaus oder für Kinder zum Spielen?

Haben Sie sich für eine Art von Garten entschieden, können Sie zum zweiten Teil des Buches übergehen, in dem Sie 20 Originalentwürfe mit genauen Pflanzplänen vom formalen Teich- bis zum wilden, die Tierwelt einladenden Naturgarten finden, die Sie nach- oder umgestalten oder einfach als Quelle der Inspiration nutzen können.

EINEN GARTEN GESTALTEN

Lassen Sie sich durch die vorgefasste Meinung, die Gestaltung des eigenen

Gartens sei ein kompliziertes Unterfangen, das nur einem hoch

bezahlten Designer oder einem Gartenarchitekten anvertraut werden

kann, nicht abschrecken. Vorausgesetzt, man ist sich seiner Grenzen

und der Möglichkeiten seines Grundstückes bewusst, besitzt fast

jeder Gartenfreund die Fähigkeit, einen Garten

zu planen und anzulegen.

Beginnen Sie mit der Frage, was Sie von Ihrem Garten erwarten. Sind Sie ein leidenschaftlicher Pflanzensammler? Haben Sie kleine Kinder? Wollen Sie Gemüse oder Schnittblumen pflanzen? Befassen Sie sich genau mit Ihrem Grundstück und überlegen Sie, was möglich ist und was nicht. In einem schattigen Garten etwa können Sie keine großen Beete für sonnenhungrige Blumen einplanen, andere Pflanzen wieder wachsen nicht auf kalkhaltigem Boden.

Überlegen Sie als nächstes, wieviel Sie in Ihren neuen Garten investieren können. Die Planung großer Anlagen ist sinnlos, wenn Sie nicht die finanziellen Mittel haben, sie zu realisieren. Auch sollten Sie genau erwägen, wie viel Zeit Sie für Ihren Garten erübrigen können. Wenn Sie ein stressiges Leben führen, werden Sie eher wenig Zeit haben und sollten sich in diesem Fall für eine pflegeleichte Gartenform entscheiden.

Haben Sie diese Fragen der Praktikabilität geklärt, können Sie mit den Details beginnen. Wollen Sie einen Rasen haben oder Bodenplatten verlegen? Wieviel Platz benötigen Sie

wohl für die Rabatten, und wie viel Zeit werden Sie haben, sich um sie zu kümmern? Insgesamt ist eine gepflasterte Fläche pflegeleichter als Rasen. Rabatten brauchen viel Pflege, damit sie sich von ihrer besten Seite zeigen, sogar wenn sie nur mit Sträuchern bepflanzt sind.

Haben Sie den Garten etwa in gepflasterte Fläche, Rasen und Rabatten oder eine Kombination von zwei Möglichkeiten eingeteilt, so machen Sie eine Liste von Gestaltungselementen. Sehen Sie sich im Garten um und schreiben Sie Ihre Ideen auf. Stellen Sie sich vom Haus aus vor, wie der neue Garten durch sämtliche Fenster aussehen könnte.

Wenn Ihr Garten eine schwierige Form haben sollte – kurz und breit oder lang und schmal –, versuchen Sie eine Möglichkeit zu finden, dies zu kaschieren. Ein Garten mit einer diagonalen Anordnung etwa, die den Blick von einer Ecke auf die gegenüberliegende lenkt, erscheint länger. Wollen Sie, dass Ihr Garten kürzer wirkt, dann teilen Sie ihn in verschiedene, vielleicht durch einen schlängelnden Weg miteinander verbundene Bereiche.

Lassen Sie sich durch ein Hanggrundstück nicht entmutigen, ein solcher Garten kann viel interessanter sein als ein flacher. Ein Wasserfall oder Steingarten können sich unter Umständen anbieten. Sind die Hänge sehr steil, können mehrere Terrassen und Hochbeete eine Lösung sein.

Haben Sie sich schließlich für eine Form entschieden und den Plan gezeichnet, werden Sie bei einigen Arbeiten zunächst sicher professionelle Hilfe brauchen, etwa beim Entfernen großer Mengen von Erde oder beim Verlegen von Bodenplatten. Versuchen Sie nicht alles selbst zu machen, wenn Sie keine Fachkenntnisse haben. Langfristig ist es zeit- und kostensparender, sich an Fachleute zu wenden.

Im Folgenden beschäftigen wir uns näher damit, woran zu denken ist, bevor Sie Ihre Ideen zu Papier bringen können. Keine zwei Gärten gleichen einander, und keine zwei Gärtner stellen die gleichen Ansprüche, aber es lohnt sich mehr, alle folgenden Gesichtspunkte systematisch zu betrachten, als sich der Gestaltung stückweise zu nähern

Prüfen Sie den Standort

Für die Entscheidung, wie Sie einen Garten verschönern oder neu anlegen, ist die Kenntnis des Standortes sehr wichtig, denn der Charakter eines Gartens wird von klimatischen Bedingungen, Boden, Ausblicken, Nachbargebäuden usw. geprägt. Auch wenn die Kombination dieser verschiedenen Faktoren wenig viel versprechend und schwierig scheint: Es gibt keinen Standort, der sich nicht durch kluge Gestaltung und sorgfältige Wahl der Pflanzen verschönern ließe.

Ob Ihr Grundstück noch im Rohzustand oder bereits angelegt ist, für Planung und Gestaltung gelten die gleichen Regeln. Zuerst sollten Sie wissen, was Sie besitzen, sich dann für einen Gartentyp entscheiden und prüfen, ob Sie ihn realisieren können. Ergründen Sie die Möglichkeiten Ihres Gartens, seine Schwächen und Stärken; prüfen Sie, wie Sie

Vorteile nutzen und Nachteile kaschieren können. Bedenken Sie aber, dass nichts über Nacht passiert und Sie am Morgen den perfekten Garten vorfinden.

GROSS- UND KLEINKLIMA

Das Klima ist sehr wichtig: Es bestimmt, welche Pflanzen wachsen können, was wiederum die Gestaltung beeinflusst. Es ist relativ einfach, Durchschnittstemperaturen und -niederschläge in Erfahrung zu bringen, aber rechnen Sie immer auch mit Extremen.

Das regionale Klima hängt von geografischen Faktoren wie Breitengrad, Höhe, Nähe zu großen Landmassen und dem Meer sowie der Wirkung großer Meeresströmungen ab. Manche Gebiete haben lokale Wettereigenschaften wie jahreszeitlich bedingte Winde.

Dann gibt es das künstliche und natürliche Klein- oder Mikroklima. Die meisten Großstädte z. B. sind nahezu frostfrei, weil die Gebäude Wärme abgeben. Folglich können in der Stadt viele kälteempfindliche Pflanzen draußen überwintern, die in kälteren Regionen Winterschutz bräuchten.

Ebenso wichtig wie die Kenntnis des Groß- oder Lokalklimas ist es, sich das eigene Kleinklima zu schaffen. Sie können das Wetter nicht beeinflussen, wohl aber seine Wirkung mindern, etwa durch das Aufstellen eines Schutzes gegen eisige Winde, was das Ziehen zahlreicher empfindlicher und interessanter Pflanzen erlaubt. In kalten Gebieten schaden Frost und Schnee nicht, vorausgesetzt Sie pflanzen winterharte Gewächse und lassen kälteempfindliche Stauden nicht ohne Schutz im Freien überwintern.

BODENARTEN

Je höher die Bodenqualität Ihres Gartens, desto besser gedeihen Ihre Pflanzen. Ist der Boden mager und unfruchtbar, müssen Sie ihn verbessern. Da jedoch Böden in Beschaffenheit, Struktur und Qualität stark differenzieren, sollten Sie, bevor Sie an die Arbeit gehen, die Bodenart Ihres Gartens bestimmen.

Vor allem muss man wissen, ob man Ton- oder Sandboden hat, denn das bestimmt die Wahl der Pflanzen. Tonboden speichert Feuchtigkeit, lässt sich aber schwer bearbeiten und ist in nassem Zustand sehr klebrig. In trockenen Sommern wird die Oberfläche rissig. Obwohl an sich sehr fruchtbar, muss er im Winter regelmäßig mit Bodenverbesserer aufgelockert werden. Sandboden ist einfach zu bearbeiten und trocknet rasch aus, benötigt aber viel Mist oder Kompost zum Erhöhen der Wasserspeicherfähigkeit. Schlamm aus Überschwemmungsgebieten ist eine Ausnahme: Er ist einfach zu bearbeiten, fruchtbar, durchlässig und kann exzellent Wasser speichern.

SÄUREGEHALT

Bevor Sie mit der Wahl der Pflanzen beginnen, bestimmen Sie, ob Ihr Boden sauer oder basisch ist. Ist er basisch, werden Sie kaum kalkabweisende Pflanzen wie Rhododendron und Kamelie kultivieren können. Kalkliebende Gewächse wie Falscher Jasmin, Klematis und Nelken dagegen gedeihen in sehr sauren Böden nicht.

Der Kauf eines Probesets zum Analysieren des pH-Wertes Ihres Gartenbodens lohnt sich auf jeden Fall. Untersuchen Sie Erde aus mehreren Bereichen des Gartens, da die Bedingungen bereits auf kleinen Flächen stark variieren können. Zur Bestätigung Ihrer Ergebnisse sollten Sie sich mit Gärtnern in Ihrer Nähe unterhalten, sich beraten lassen und in der Nachbarschaft schauen, welche Pflanzen dort gut gedeihen. Um die alkalische Eigenschaft Ihres Bodens zu erhöhen, geben Sie Kalk zu; überlegen Sie das aber gut, denn die Folgen sind dauerhaft. Die Steigerung des Säuregehaltes im Boden ist dagegen nicht ganz einfach. Die beste Lösung sind Hochbeete oder besondere Einfriedungen mit saurer Erde, um Heidepflanzen zu kultivieren.

LINKS: In gepflasterten Stadtgärten können Sie Kübel verwenden und Beete mit genau der Erde anlegen, die Ihre Pflanzen brauchen.

LINKE SEITE: Große Bäume, hohe Efeu- und niedrige Buchs-Hecken schaffen in den Rabatten ein geschütztes Mikroklima, in dem Pflanzen gut gedeihen

LINKS: Dieser gepflasterte Hof liegt in einer sonnigen Ecke des Gartens, das Häuschen wird durch den Schatten großer Bäume an heißen Tagen zum kühlen Zufluchtsort.

RECHTE SEITE: Die komplett in weiß gehaltene Ecke wird gut genutzt: Ein Hochbeet ist ganz mit Blumen bepflanzt und enthält zusätzlich Spaliere für Kletterpflanzen und Sträucher.

SONNE, SCHATTEN, SCHUTZ

Die Lichtintensität spielt für Ihre Gestaltung eine große Rolle. Schattige Lagen sind eher in Stadtgärten ein Problem als auf dem Land, da Nachbarhäuser, angrenzende Mauern und Zäune mindestens zu einer Tageszeit für Schatten sorgen. Hat etwa nur eine Ecke Ihres Gartens Sonne, ist es sinnvoll, hier eine Sitzecke oder ein Gewächshaus einzurichten.

Auch an Wetterschutz ist bei der Planung zu denken. Die besten Ergebnisse erzielen Sie, wenn die Pflanzen geschützt stehen, der ideale Garten bietet einen geschlossenen, sicheren Bereich, in dem sie gedeihen können. Wind kann zu einem großen Problem werden, weil er den Boden entwässert und das Pflanzenwachstum hemmt. Liegt Ihr Grundstück sehr frei, sorgen Sie für Windschutz. Obwohl sich der Bau einer festen Mauer anzubieten scheint, schadet eine solche Wand eher: Der Wind würde erst darüber hinweg und dann nach unten wirbeln und die Wirkung eines Wirbelwindes entfalten. Ein durchbrochener Zaun oder eine Hecke leisten viel bessere Dienste.

Genauso wichtig wie der Schutz vor kalten, trockenen Winden ist der Schutz vor Frost. Im Winter wird dieser selten zum Problem, da es mehr als 60 000 winterharte Pflanzen gibt und sich darunter für jeden Geschmack etwas findet – sogar in kältesten Regionen. Andererseits ist Frost zur falschen Zeit gefährlich für die Pflanzentriebe. Besonders in Tälern und Bodenvertiefungen kann frostige Luft bis zur tiefsten Stelle absinken und sich unterhalb von Mauern oder zu dicht gepflanzten Hecken absetzen. Frostgefährdet sind auch Bereiche unter breiten Hecken oder festen Mauern. Wenn Sie Bäume oder Hecken auslichten oder entfernen, kann die kalte Luft im Garten zirkulieren und wird nicht darin zurückgehalten.

GRÖSSE

Beschäftigen Sie sich mit der Größe Ihres Gartens, um ihn gut zu nutzen. Der Umfang spielt nur für die Schaffung verschiedener Bereiche sowie für Größe und Anzahl von Pflanzen und Gestaltungselementen eine Rolle.

Es gibt verschiedene Möglichkeiten, den Platz in kleinen Gärten gut zu nutzen: Vertikale Bereiche etwa bieten Kletterpflanzen und Hängeampeln Raum. Hochbeete und Terrassen erweitern die Anzuchtfläche, und mit Kübeln kann man einen gepflasterten Bereich optimal nutzen.

Zwar meinen viele Gartenliebhaber, sie hätten eher zu wenig als zu viel Platz, aber auch eine große Fläche kann Probleme bereiten. Eine durchdachte Gestaltung mit mehr Bäumen und Sträuchern, unterpflanzt mit Bodendeckern, lässt einen solchen Garten kleiner und persönlicher erscheinen.

FORM

Bei der Gestaltung eines Gartens spielt seine Form eine große Rolle. Nur wenig Gärten sind wirklich symmetrisch, aber das ist auch nicht wichtig. Eine L-Form oder ein Dreieck können sogar mehr Möglichkeiten bieten als ein Rechteck. Die komplizierteste Form ist das Quadrat, besonders wenn es zum Unterteilen zu klein ist wie bei vielen Kleinstadt-Vorgärten.

Das Gestalten einer unförmigen Fläche bedarf sorgfältiger Planung. Ein langer, schmaler Garten etwa kann mit quer aufgestellten Trennhilfen in verschiedene Bereiche geteilt werden; mit durchbrochenen Trennwänden, durch die Sie von einem Ende des Gartens zum anderen sehen können, schaffen Sie einen zusätzlichen Ausblick. Wenn Sie am Ende noch ein Gestaltungselement einbauen, eine Figur oder einen Sitzplatz, nutzen Sie die Gartenlänge voll aus, während die Trennelemente die Form kaschieren.

LAGE

Überlegen Sie gut, bevor Sie Hänge ebnen. Überraschenderweise bieten ebene Flächen viel weniger Möglichkeiten für ungewöhnliche Gestaltungen als leicht hügelige. Hänge, Böschungen und verschiedene Ebenen kann man in Terrassen, Stützmauern oder Hochbeete oder in Dekoratives wie einen erhöhten Teich oder Steingarten verwandeln.

TEILUNG

Hecken, Mauern und Zäune sind ideale Trennelemente und können verschiedene Stimmungen und Stile schaffen, sind aber auch wertvoll beim Kaschieren unschöner, aber notwendiger Bereiche wie Komposthaufen und Mülltonnen. Übersehen Sie sie dann nicht einfach, sondern machen Sie sie zu dekorativen gestalterischen Elementen.

ATMOSPHÄRE

Auch die Stimmung Ihres Gartens ist wichtig. Schon während der Arbeit auf dem kahlen Grundstück müssen seine Möglichkeiten erkundet und mit der Atmosphäre, die Sie schaffen wollen, verglichen werden. Gehen Sie durch den Garten, messen Sie ihn aus und suchen Sie nach natürlichen Elementen. Beim Entwerfen Ihres Planes sollten Sie diese betonen und scheinbar unbedeutende Teile des Gartens in attraktive Blickfänge verwandeln.

In einem großen Garten müssen Sie kaum Prioritäten setzen. Sie brauchen sich nur darum zu kümmern, wieviel Platz jeder Bereich benötigt und wie Sie die Bereiche von einander trennen können. In einem kleinen Garten jedoch müssen Sie sich beschränken. Je weniger Platz vorhanden ist, umso raffinierter muss die Gestaltung sein.

VERBINDUNG VON HAUS UND GARTEN

Der Blick vom Haus aus in den Garten ist ebenso wichtig wie von draußen. Die Gartengestaltung sollte also auch die Aussicht aus den Räumen berücksichtigen, in denen Sie sich häufig aufhalten. Sind Sie in der glücklichen Lage, auf offene Landschaft oder eine reizvolle Stadtsilhouette zu blicken, achten Sie darauf, dass der Garten damit harmoniert. In eine ländliche Gegend passt etwa ein Cottage-Garten, in die Stadt eher ein moderner.

Umgekehrt sollte sich beim Blick vom Garten aus auch das Haus harmonisch einfügen. Ein Gewächshaus oder ein Wintergarten können so konstruiert werden, dass sie sich öffnen und in eine Terrasse oder einen Innenhof verwandeln lassen; so wirkt im Sommer bei offenen Türen der Garten wie eine Erweiterung des Hauses und umgekehrt. Kletterpflanzen und Mauergewächse mildern die strengen Linien eines Gebäudes und verbinden Haus und Garten.

VORHANDENE ELEMENTE

Wenn Sie einen Garten gestalten, ist es immer am einfachsten, mit einem kahlen Grundstück anzufangen. Damit können Sie fast alles tun, was Ihnen gefällt, vorausgesetzt, für das Gelände liegen keine Beschränkungen wie bestimmte Planungsvorschriften oder Abkommen vor.

Wesentlich komplizierter ist es, einen bereits angelegten Garten umzugestalten. Bevor Sie jedoch die vorhandenen Elemente entfernen oder Pflanzen ausgraben, sollten Sie ein Jahr warten. Dieser Aufschub ist sehr wichtig. Selbst eine scheinbar unattraktive Anlage kann erhaltenswerte Elemente enthalten, auch wenn man sie nicht sofort sieht.

Gibt es im Frühjahr blühende Zwiebelpflanzen, Sträucher mit bunten Trieben oder anmutiger Erscheinung im Winter oder Pflanzen mit ungewöhnlichen herbstlichen Samenständen? Erkunden Sie sumpfige Flächen mit Staunässe sowie Teile des Gartens, die rasch auszutrocknen scheinen. Möchten Sie diese Bereiche beibehalten?

Auffällige Elemente wie hohe Bäume oder natürliche Wasserläufe können problematisch sein. Wie werden sie aussehen, wenn man sie in eine Neugestaltung integriert? Es gibt keine allgemein gültige Lösung, aber beachten Sie Folgendes: Sollte ein Baum oder ein natürliches Element hübsch, selten oder irgendwie besonders sein, könnten Sie Ihren Garten nicht um dieses Element herum neu gestalten? Da ein eben erst angelegter Garten Üppigkeit vermissen lässt und das Erreichen dieses Zustandes eines Ihrer Ziele sein dürfte, könnten Sie das Element einige Zeit stehen lassen, bis der neue Garten sich voll entfaltet hat und es dann durch Ihren Lieblingsbaum oder eine Statue ersetzen.

Böden und strukturelle sowie dekorative Elemente sind unproblematischer als natürliche, da sie sich meist abmontieren und versetzen lassen. Der Vorteil vorhandener Materialien – Bodenplatten, Steinmauern und -tröge, Mühlsteine usw. – liegt darin, dass sie schon verwittert und im positiven Sinne gebraucht aussehen, ganz anders als ziemlich steril wirkende neue Materialien.

ZEIT UND GELD

Zeit und Geld sind zwei wichtige Faktoren, an die bei der Gartengestaltung zu denken ist. Planen Sie nur, was Sie meistern und in einem vernünftigen Zeitraum realisieren können und was sich bequem pflegen lässt.

Das Schöne am Gärtnern ist, dass es Möglichkeiten für jeden Geldbeutel bietet. Einen Garten mit ausgewähltem Material und üppi-

WAS ERWARTEN SIE VON IHREM GARTEN?

Wenn Sie die Vor- und Nachteile des Grundstückes abgeschätzt haben, sollten Sie sich Ihren eigenen Bedürfnissen zuwenden. Was erwarten Sie vom Garten als Raum und als Erweiterung Ihres Wohnbereiches? Stellen Sie sich einen Platz zum Ausruhen und Entspannen vor, für Treffen mit Freunden und für Grillfeste oder zum Spielen für Ihre Kinder? Wollen Sie in Ihrem Garten einen Lebensraum für wild lebende Tiere schaffen, beabsichtigen Sie bestimmte Pflanzen zu züchten, oder ist der Anbau von eigenem Obst und Gemüse Ihr Traum?

und anderem befreit, bevor Sie mit der Arbeit beginnen. Jetzt können Sie mit Stöcken und Schnur (am besten festem, gut sichtbarem Garn), die Stift und Tinte ersetzen, markieren, was wohin soll. Ändern Sie, bis Sie den Entwurf haben, den Sie wollen. Um runde Kanten darzustellen, etwa von einem Teich oder dem vorderen Rand einer Rabatte, eignet sich ein Gartenschlauch.

Komplizierte Details erfordern einen auffälligeren Umriss, etwa mit Kalkfarbe. Auch wichtige Erhebungen sollten deutlich markiert sein. Eine Trittleiter in der Höhe eines ausgewachsenen Strauches vermittelt eine gute Vorstellung von der späteren Wirkung. Wenn das Ganze zu hoch ist, eine hübsche Aussicht verdeckt oder zu viel Schatten wirft, nehmen Sie eine andere Pflanze. Setzen Sie sich an dem als Sitzplatz geplanten Bereich auf einen Stuhl und probieren Sie, ob das wirklich der beste Platz ist. Ist hier morgens Sonne und nachmittags Schatten, wenn Sie bestimmt eher Zeit haben, sich im Garten zu entspannen?

Haben Sie von der Gestaltung eine klare Vorstellung, ist es viel leichter, die Einzelheiten zu Papier zu bringen. Auch wenn Sie meinen, alles gut im Kopf zu haben, werden Sie später nach einem Plan arbeiten. Bevor Sie ihn zeichnen, sollten Sie die Markierungen etwa eine Woche stehen lassen, um festzustellen, ob sich die Ideen auch wirklich realisieren lassen. Erst wenn Sie sicher sind, dass die Hauptelemente des Designs Ihren Wünschen entsprechen, sollten Sie den Plan zeichnen.

gen, ausgewachsenen Pflanzen zu gestalten ist teuer. Verwenden Sie preiswerte Materialien, vermehren Sie Pflanzen selbst und haben Sie Geduld zu warten, während sie wachsen: Das ist für die schmalere Börse der beste Weg zu einem hübschen Garten.

Übergangslösungen sind sehr nützlich. Pflanzen Sie Sommerblumen, bis Sie sich teurere Sträucher leisten können oder die Stauden ausgewachsen sind und ihren Platz ausfüllen. Schön arrangierte Kübelpflanzen dienen als Blickfang, bis sie durch eine Figur oder Statue ersetzt werden können.

BEGINN DER GESTALTUNG

Wenn Sie Ihr Grundstück genau kennen und wissen, was Sie von Ihrem Garten erwarten, welche Elemente erhalten bleiben sollen und wie viel Zeit Sie für Gartenarbeit erübrigen wollen, beginnen Sie mit der Gestaltung.

Um Ideen zu entwickeln, stellen Sie sich in den Garten – oder auf den Platz, der Ihr Garten werden soll – und denken Sie in Formen und Farben. Wenn die Ideen sich entfalten, können Sie sich Praxis und Problemen zuwenden. Lassen Sie Ihrer Fantasie in dieser Phase freien Lauf und nehmen Sie sich die Zeit, alle Möglichkeiten abzuwägen.

DEN GARTEN ABGRENZEN

Die praktische Seite der Gestaltung – maßstabgetreue Zeichnungen, Pflanzenlisten besorgen usw. – schreckt oft viel mehr ab als nötig. Genau zu sein ist sehr wichtig, aber nicht schwer; wenn Sie methodisch und sorgfältig vorgehen, kann das Grundstück exakt ausgemessen und der Plan gezeichnet werden. Benutzen Sie Millimeterpapier, damit alles im richtigen Maßstab erscheint.

Fällt es Ihnen schwer, sich die gezeichneten Entwürfe in der Realität vorzustellen, besteht kein Grund, den Garten nicht selbst als Zeichenbrett zu verwenden. Die Fläche wird, wenn nicht bereits geräumt, von Abfall

Richtlinien für die Gestaltung

Zwar ist letztlich der persönliche Geschmack für die Gartengestaltung maßgeblich, aber eine Reihe von Gestaltungsprinzipien gelten für jeden Entwurf. Diese Richtlinien helfen nicht nur erfahrenen Gärtnern, keine der notwendigen Planungsstufen zu übersehen, sie sind auch den weniger sachkundigen Gartenfreunden eine Hilfe dabei, sich an ehrgeizige Gestaltungsformen zu wagen und ihre Ideen erfolgreich in die Tat umzusetzen.

DIE ERSTEN SCHRITTE

Da Sie den Garten vor allem von Ihrem Haus aus sehen werden, sollten Sie Ihre endgültige Entscheidung für das Design von den entsprechenden Fenstern aus treffen. Sie dürfen auch nicht vergessen, dass das Haus ein Teil des Gartens ist. Beide müssen also stilistisch zusammenpassen, damit es gut aussieht.

Vielleicht können Sie sich auf einem Spaziergang von verschiedenen Gartentypen inspirieren lassen, bevor Sie mit Ihren Plänen anfangen. Spätestens dabei werden Sie erkennen, dass fast alles möglich ist.

FORMAL UND NATÜRLICH

Gärten werden manchmal in eine formale, also gleichmäßige, geometrische, oder eine natürliche, also ungleichmäßige und freie Gestaltung eingeteilt. Erstere sind meist symmetrisch, mit einem Weg oder einer Rasenfläche in der Mitte und gleichen (oder ähnlichen) Elementen seitlich davon. Letztere sind eher malerisch, weniger gestylt, Ideen wiederholen sich kaum. Sie bestehen eher aus geschwungenen als aus geraden Linien oder geometrischen Formen.

Sie könnten zum Beispiel den Bereich am Haus formal anlegen und allmählich in eine natürlichere Form übergehen, je weiter Sie sich vom Haus entfernen. Das verbindet Haus und Garten ebenso sanft wie raffiniert. Aber es spricht auch nichts dagegen, den ganzen Garten formal oder natürlich anzulegen oder von beidem etwas zu verwenden. Eine Möglichkeit ist das Gestalten mehrerer »Räume« mit abwechselnd formalen und natürlichen Elementen. So erhalten Sie einen Garten voller Vielfalt und Überraschungen, der Besucher reizen wird, immer noch hinter die nächste Ecke sehen zu wollen. Oft wird das formale Design eines Gartens von natürlichem Pflanzenwachstum kaschiert, was zu herrlichsten Ergebnissen, einer Art von kontrolliertem Chaos führen kann.

Bevor Sie entscheiden, ob Ihnen ein formales oder natürliches Design oder eine Kombination besser gefällt, überlegen Sie gut, was am besten zu Ihnen passt. Die Wirkung formaler Gärten beruht auf Ordnung und Genauigkeit, was regelmäßiges Unkrautjäten und Schneiden bedeutet und auch ungeeignet ist, wenn Sie kleine Kinder haben. Natürliche Gärten dürfen sich entfalten und sind in der Regel pflegeleichter.

ENTWURF EINES GRUNDPLANES

Der Anfang jeder neuen Gestaltung ist die Entscheidung für einen Grundplan. Widerstehen Sie der Versuchung, alles in einer Reihe paralleler Linien aufzustellen. Versuchen Sie stattdessen, durch Diagonalen und Kurven interessantere Formen zu schaffen.

Die meisten Gärten sind rechteckig, diagonal oder rund. Ein rechteckiger Garten besteht aus symmetrischen Elementen, einer Reihe gerader Linien sowie voraussehbaren Kurven. Ein solches Design eignet sich oft viel besser für einen kleinen Stadtgarten als für eine große Anlage auf dem Land. Die Winkel diagonaler Entwürfe machen die Elemente weniger vorhersehbar, entspannter und interessanter. Ein rundes Design eignet sich für einen großen, weitläufigen Garten.

FORMEN UND MUSTER

Die Anwendung verschiedener Formen und Muster ist vielleicht das wichtigste Element des Gartendesigns. In einem wirklich guten Garten sollten Form und Muster jeder Komponente genau durchdacht sein – vom weiten Schwung eines Pfades oder einer Rasenfläche bis zu Details wie kontrastierenden Formen von Mini-Sträuchern in einem sorgfältig platzierten Steintrog.

Formen sorgen für Bewegung, Gleichgewicht und Unterbrechung im Gartendesign.

Bewegung kann durch den wiederholten Einsatz aufrechter Formen wie Bögen entstehen, die den Blick in die Ferne lenken. Diese Wirkung zeigt sich in einer formalen, symmetrischen Umgebung ebenso wie in einer eher natürlichen, zickzackförmigen. Gleichgewicht beruhigt den Garten. Ein flacher Hügel kann eine dramatische aufrechte Form ausgleichen, und beide werden von waagerechten Formen zusammengehalten.

Manche Muster – wie Quadrate und Kreise in Quadraten – wirken statisch und ruhig, weil sie geschlossen sind und nirgends hinführen. Dagegen sind Diagonalen und Kurven, die von einem Ort zum anderen verlaufen, eher aktiv und dynamisch. Ein statisches Muster passt zu einem formalen, regelmäßigen Garten, während sich eine aktive Gestaltung mehr für einen natürlichen Garten eignet. Auf jeden Fall sollten alle Linien des Designs das Auge auf einen Blickfang lenken, einen Baum oder eine Statue, der das »Herz« des Gartens ist und ihn zu einem Ganzen, einer geschlossenen Einheit macht.

Abgesehen von diesem strukturierenden Einsatz von Formen wird ein Garten durch die ständige Wechselwirkung benachbarter Pflanzen lebendig und interessant.

LINKE SEITE: In dieser formalen Gestaltung säumt niedriger Buchs in Zickzackform dicht bepflanzte, von Blattwerk und Form beherrschte Rabatten.

LINKS: Eine natürliche Rabatte, in der sich Blüten und Blätter lebhaft mischen und über den geschwungenen Rand des Rasens hinziehen.

HORIZONTALE UND VERTIKALE STRUKTUREN

Setzen Sie vertikale Elemente – Mauern, Zäune, Sichtschutzwände, Eingänge, Pergolen, Gartenhäuschen – und horizontale Strukturen – Einfahrten, Wege, Innenhöfe, Stufen – mit Gefühl ein, nicht alle Formen und Materialien passen zueinander. Für ein gutes Gartendesign sollten Sie Vertikale und Horizontale harmonisch kombinieren, um eine Einheit zu schaffen. Versuchen Sie ein Gleichgewicht zu erreichen. Ein Bogen etwa ergänzt einen gerade verlaufenden Weg, eine niedrige Mauer den Innenhof, den sie umgibt.

KONTUREN

Oft sehnen sich die Glücklichen, die ein perfektes, ebenes Grundstück besitzen, nach mehr Abwechslung. Welche Vorlieben Sie auch haben, ein flacher Bereich macht das Gärtnern zweifellos einfacher. Verschiedene Ebenen verursachen einige Probleme bei der Anlage wie auch bei der Pflanzung.

Steile Hänge eignen sich für Bachläufe oder Wasserkaskaden, aber Sie können auch die Pflanzfläche erweitern, indem Sie mit Stützmauern oder Rasenböschungen Terrassen anlegen. Gruppen mediterraner Pflanzen wie Lavendel (*Lavendula* spec.) und Heiligenblume (*Santolina* spec.) gedeihen sehr gut an sonnigen Hängen, wo das Wasser rasch abfließt. Diese bieten auch ideale Bedingungen für Steingärten, die interessanter aussehen als eine herkömmliche Bepflanzung. Auf kalten, schattigen Hängen lässt sich ein Waldgarten oder ein terrassenförmiger Steingarten für alpine Pflanzen anlegen, da sie gut durchlässig und dem Licht zugewandt, aber nicht der Hitze ausgesetzt sind wie sonnige Hänge.

Wie Sie die Umrisse in Ihrem Garten einsetzen wollen, hängt auch von der Lage des Hauses zum Hang ab. Ein Garten, der vom Haus steil ansteigt, ist viel dominanter als einer, der am Haus steil abfällt. Solche Bereiche sind weniger eindrucksvoll und verlaufen sich in der Ferne. Kann eine schöne Aussicht in die Gestaltung einbezogen werden, machen Sie das Beste daraus. Soll der Blickpunkt jedoch im Garten liegen, probieren Sie ein formales Arrangement mit großen bepflanzten Töpfen oder aufrechten Koniferen. Sie können zwar eine uninteressante Aussicht nicht kaschieren, mit ihren dekorativen Details aber den Blick auf sich ziehen.

Ungleichmäßige Änderungen der Ebenen können einen Garten interessanter wirken lassen und bieten die Möglichkeit, überraschende Aussichten und Elemente zu gestalten. Der Übergang von einer Ebene zur anderen muss nicht auf einmal erfolgen – in eine Reihe von Stufen können Zwischenebenen eingefügt werden. Weist der Garten große Hügel und Vertiefungen auf, überlegen Sie, ob Sie sie vergrößern, um einen Teich oder Steingarten anzulegen.

MIT GRÖSSEN SPIELEN

Ist ein Garten klein oder unförmig, lässt sich das mit verschiedenen gestalterischen Mitteln ausgleichen. Viele Gartenbesitzer möchten die Fläche größer oder einen kleinen Garten weniger eng wirken lassen; andere wollen, dass ein breites, wenig tiefes Grundstück länger oder ein langer, schmaler Garten nicht wie ein »Tunnel« aussieht.

Soll ein kleiner Garten weniger eng wirken, vermeiden Sie eine zu einheitliche Gestaltung, die die Flächengröße betont. Ist der Garten in kleinere Bereiche geteilt, wandert Ihr Blick von einem zum anderen und konzentriert sich eher auf Einzelheiten als auf die Gesamterscheinung. Wenn die Bereiche verschiedenen Charakter haben, steigert das den Abwechslungsreichtum Ihres kleinen Gartens. Versuchen Sie einen Garten zu gestalten, in dem sich Wege so zwischen den Pflanzen schlängeln, dass sie nie das ganze Ausmaß der Fläche preisgeben.

Lange, schmale Gärten können ähnlich angelegt werden, so dass man nie die ganze Länge der Mittellinie sieht. Es hilft auch, den Blick auf ein wichtiges Element im vor-

deren Bereich oder in der Mitte zu lenken, auf eine runde Rasenfläche oder einen einzelnen Baum, oder wenn Sie Horizontalen wie eine niedrige Mauer, breite Stufen, Bodenplatten oder Hecken an der Mittellinie platzieren. In weniger symmetrischen Gärten bringen Sie Elemente – einen bemalten Stuhl oder die Stämme eines verzweigten Baumes – an den Seiten an, um den Blick dort hin zu ziehen.

Es gibt viele Wege, den Garten tiefer wirken zu lassen. Ausblicke können durch die Betonung der fernen Perspektive akzentuiert und »verlängert« werden. Nutzen Sie auffällige Elemente, um das Auge in die Ferne zu lenken. Die Gartenform muss aber nicht der einzige Grund für die Umsetzung solcher Ideen sein. Beziehen Sie die Landschaft ein: Machen Sie die Außenwelt zum Mittelpunkt des Ausblickes. Bietet Ihr Garten eine großzügige Aussicht, integrieren Sie diese unbedingt. Pflanzen Sie Bäume und Sträucher, die die Szene hinter dem Garten umrahmen.

Auch das Schaffen falscher Perspektiven ist ein guter Trick. Große Pflanzen im Vordergrund und kleinere von gleicher Form weiter weg wirken gleich groß, obwohl sie in die Ferne rücken. Dasselbe wird erreicht, wenn Pflanzen mit luftigem Laub vorne und dicht belaubte dahinter wachsen. Gemähte Streifen im Rasen können den Blick in eine Richtung oder auf einen Punkt lenken und die Perspektive verlängern oder verkürzen.

Die lineare Wirkung von Bögen, Pergolen, Spalieren und Zäunen kann sehr hilfreich sein, um eine Blickrichtung zu schaffen. Auch für den *trompe-l'œil*-Effekt, der den Eindruck von drei Dimensionen erweckt, obwohl nur zwei existieren, lassen sich Spaliere verwenden. Es gibt zahlreiche Möglichkeiten, diese Wirkung zu erzielen. Sogar Spiegel wurden schon an Gartentoren angebracht, um die Länge eines Ausblicks zu verdoppeln. Auch Wasser reflektiert den Garten und erzeugt so den Eindruck von Raum.

LINKE SEITE: Die vertikalen Linien des Aussichtshäuschens ergänzen den horizontalen Verlauf der Bodenplatten und des Rasenweges mit dem Rand aus Ziegelsteinen. Die Form der Verzierungen imitiert die Rückenlehne der Bank.

RECHTS: Ein Steinweg windet sich in Stufen über einen terrassierten Hang, gesäumt von verschiedenen Pflanzen, die auf durchlässigem Boden und in sonniger Lage gut gedeihen.

Elemente der Gestaltung

Alle Gärten bestehen aus mehreren Grundelementen: Bepflanzung, Rasen und Bodenbelag. Bodenplatten sind pflegeleicht und geeignet, wenn Sie für die Gartenarbeit nicht sehr viel Zeit haben. Rasen und Bepflanzung sind arbeitsintensiver: Der Rasen muss gemäht, das Unkraut gejätet, die Pflanzen müssen regelmäßig gegossen werden. Wählen Sie eine Kombination von Elementen, die Ihren Bedürfnissen und Ihrer Zeit entspricht.

INNENHÖFE UND WEGE

Innenhöfe sehen besser aus, wenn sie symmetrisch und formal angelegt sind. Andererseits sind Holzböden die ideale Wahl für geschwungene, fließende Entwürfe. Sie erzeugen eine ruhigere, natürlichere Atmosphäre. Holz passt gut zu Gartenaufenthalt und Freizeit, und da es ziemlich weich ist, eignet es sich besser als Stein, wenn Sie Kinder haben.

Holz harmoniert im Allgemeinen besser mit Pflanzen als Pflaster, aber die Struktur von Steinplatten bildet einen schönen Kontrast zum lebendigen Material; das eine hart und fest, das andere leicht und voller Bewegung, passen beide in jeden Garten. Es gibt wenig, was hübscher aussieht als der gerade Rand eines gepflasterten Hofs, den eine Fülle kriechender Pflanzen abrundet.

Ein gerader Rand kann auch mit abgerundeten Blumenbeeten und Rasen innerhalb eines Designs kombiniert werden. So entstehen Kontrasteffekte von geraden und runden Linien, Quadraten und Kreisen.

Wege sollten vorsichtig und zweckgebunden eingesetzt werden. Ein Pfad ohne Ziel wird sich nicht in den Garten integrieren. Legen Sie in einem natürlichen Garten kurvige und in einem formalen gerade Wege an. Versuchen Sie, den Garten nicht in zwei Hälften zu teilen, sondern den Pfad an der schattigeren Gartenseite entlangzuführen.

RASEN

Der ideale Rasen ist ebenso dekorativ wie praktisch und bietet viele Möglichkeiten für ein individuelles und interessantes Design. Seine Form sollte unbedingt mit Beeten, Teich und anderen Elementen harmonieren und nicht zu kompliziert sein, was übertrieben aussehen kann und auch schwer zu mähen ist.

Die meisten Rasenflächen haben eine relativ gewöhnliche Form, rechteckig oder quadratisch, aber ein etwas geschwungener Rasen sieht besser aus, weil er mehr Gestaltungsspielraum lässt. Ein Rasen, der fließend durch den Garten verläuft, vereinigt alle getrennten Bereiche zu einem Ganzen.

Weiches Gras eignet sich ausgezeichnet für Kinder, auch wenn diese und Erwachsene ihm mit sportlichem Ehrgeiz sehr schaden können. Ein Bereich aus Sand kann jungen Familien eine vorübergehende Lösung bieten und später in ein Hochbeet oder ein Wasserelement verwandelt werden. In sehr kleinen Gärten sollte man auf Rasen ganz verzichten und lieber Bodenplatten und Rabatten kombinieren.

DETAILS HINZUFÜGEN

Ist das Grundgerüst Ihres Gartens fertig, können Sie beginnen, dekorative Details wie Bögen, Pergolen, Gartenmöbel, Statuen und andere Elemente hinzuzufügen. Widerstehen Sie der Versuchung, zu viel unterbringen zu wollen, sonst wirkt es übertrieben und vollgestopft. Was Sie auch einsetzen, es sollte so platziert werden, dass es wie eine selbstverständliche Folge der Gestaltung aussieht und nicht wie ein nachträglicher Einfall.

PFLANZEN INTEGRIEREN

Gärten können mit Pflanzen oder künstlichen Elementen wie Mauern, Wegen, Innenhöfen, Stufen, Becken, Statuen und anderen dekorativen Dingen perfektioniert werden, aber die schönsten Gärten sind meist eine gelungene Mischung aus allem. Der Bodenbelag und die dekorativen Elemente sind das ganze Jahr zu sehen, sie verändern sich nicht mit den Jahreszeiten und verleihen dem Garten dauerhaft Form und Charakter. Pflanzen jedoch verändern sich ständig, was Größe und Aussehen betrifft, und Einjährige und Sommerblumen müssen jedes Jahr oder sogar zwei- bis dreimal jährlich erneuert werden. Viele schöne Gärten beruhen auf einem bleibenden Design mit Struktur bildenden Bestandteilen, die dann mit verschiedenen Pflanzen umgeben werden.

Rabatten und Blumenbeete können jede Form haben – formal und gerade oder leicht geschwungen – und vor einer Mauer, einem Zaun oder einer Hecke liegen sowie inmitten einer Rasenfläche oder eines Kiesbetts.

LINKE SEITE: Dieser Innenhof mit einer geschützten Ecke basiert auf drei Kreisen – aus Kies, aus Bodenplatten und aus einer Kombination von beidem. Niedrige Pflanzen und sorgfältig platzierte Steine runden den Rand ab.

LINKS: Eine rund verlaufende Rasenfläche und ein Weg aus Gras bringen Bewegung in den dicht bepflanzten Garten.

21

GARTENELEMENTE

Im Allgemeinen ist die Integration dekorativer Elemente eine Frage des persönlichen Geschmacks, und Ihre Wahl wird einen einzigartigen Garten schaffen. Welches Element Sie auch einsetzen, es sollte gut aussehen und zum Design passen – entweder als Blickfang hervorstechen oder aber mit der Umgebung verschmelzen. Wählen Sie es sorgfältig aus: Eine gut platzierte Statue sieht weit besser aus als mehrere wahllos verstreute Stücke.

Es können verschiedene Dekorationen in Frage kommen: Gefäße, Statuen, Skulpturen, Sonnenuhren oder ein Taubenschlag. Topiari, die Art, Hecken zu verschiedenen Formen zu schneiden, ist eine weitere Art der Gartendekoration, allerdings eine Kunst für sich.

Meistens profitieren Figuren von einem Hintergrund, etwa einer Hecke oder einer Mauer, und noch eindrucksvoller wirken sie, wenn sie in einer Nische platziert werden. Einige Gegenstände sehen besser aus, wenn sie auf einem Podest oder oben an einer Treppe stehen. Verzierte Gefäße wirken etwas erhöht stehend ebenfalls besser.

OBJEKTE AUFSTELLEN

Der richtige Standort ist für eine Statue sehr wichtig, wenn sie beeindrucken soll. Suchen Sie am besten zuerst einen Platz im Garten aus, an dem Sie etwas aufstellen wollen, und entscheiden Sie dann, was hierher passen würde. Aber meistens kauft man zuerst das Objekt und muss nachträglich einen Platz dafür finden. Manche Figuren erfordern eine ganz bestimmte Umgebung: Ein Statue des Weingottes Bacchus wirkt am eindrucksvollsten, wenn sie betrunken aus dem Gebüsch zu taumeln scheint, während eine formale Statue besser in

Wegbiegung oder Kreuzung so platzieren, dass sie aus beiden Richtungen zu sehen ist. Zentral an der Rückseite eines Bereiches platziert, wird ein Objekt zum Blickfang, steht es asymmetrisch, um die Biegung eines Beetes auszugleichen, wirkt es entspannter und natürlicher. Für eine sehr formale Wirkung können Sie seitlich von Eingängen und Treppen Statuen aufstellen. Skulpturen können auch ein Kontrapunkt zu auffälligen Pflanzen sein oder den Blick von unschönen Elementen wie Komposthaufen ablenken.

Dramatisch wirkt auch ein Objekt, das vor einem scharf umrissenen Hintergrund hervorsticht, etwa einer Mauer oder weichen Hecke, die höher sein sollte als die Figur. Ein verstecktes Objekt dagegen überrascht.

GARTENMÖBEL

Mit Möbeln lassen sich gepflasterte Bereiche optimal beleben, und sie sind nicht nur dekorativ, sondern natürlich auch nützlich. Am Ende eines Gartens oder unter einem Bogen können Gartenmöbel auch ein Blickfang sein. Man sollte sie am besten in einem sonnigen Teil des Gartens aufstellen, der im Laufe des Tages etwas Schatten erhält.

Gartenmöbel gibt es in riesiger Auswahl, aus der Sie die für sich passenden aussuchen können. Einfache Holzstühle sehen natürlich aus, während verzierte Holzsessel, dunkelgrün oder weiß lackiert, eher formal wirken. Schmiedeeiserne Möbel gehören zu den elegantesten und erzielen im Großen und Ganzen eine höhere Wirkung, da sie nicht so gut zur Umgebung passen wie Holzmöbel. Ein moderneres Design haben Kunststofftische und -stühle nach Art von Campingmöbeln sowie Liegestühle aus Segeltuch

LINKE SEITE: Eine klassische dekorative Urne auf passendem Podest steht hier vor einer dunklen Hecke und dient als Blickfang am Ende des Ausblicks durch die Bögen einer umrankten Pergola.

OBEN: Die hellen Grün-, Gelb- und Orangetöne der Pflanzen kontrastieren perfekt mit dem dunklen Gusseisen der verzierten, rundlichen Bank.

eine Nische, auf ein Podest oder zu einer Balustrade passen würde.

Achten Sie beim Kauf von Statuen darauf, dass sie zur Architektur des Hauses und der Umgebung passen und mit der Atmosphäre harmonieren, die Sie in Ihrem Garten schaffen wollen. Eine kleine Tierfigur mit eher rustikalem oder gemütlichem Charakter, zum Beispiel ein Schwein oder auch eine Katze, würde vor einem großen, herrschaftlichen Haus mit geraden Formen deplatziert wirken. Zum Stil eines solchen Gebäudes passt ein formales Element wie eine stattliche, eindrucksvolle Statue viel besser.

Die wohl dramatischste Wirkung erzielt eine Figur, wenn sie am Ende eines Ausblicks aufgestellt ist. Man kann sie auch an einer

Der Look Ihres Gartens

Ob Stadt- oder ländlicher Garten, um das richtige Aussehen und Design zu realisieren, müssen Sie gut planen. Überlegen Sie auch, ob Sie einen pflegeleichten Garten wollen.

STADTGÄRTEN

Stadtgärten haben viel zu bieten, und man hat aufregende Möglichkeiten, verschiedene interessante und originelle Pläne zu verwirklichen. Bei richtiger Planung und sorgfältiger Überlegung kann man für unmittelbare Probleme wie zu wenig Sonne, Schatten durch benachbarte Gebäude, unfruchtbaren Boden oder Luftverschmutzung immer eine befriedigende Lösung finden.

Im Allgemeinen sind Stadtgärten leichter und billiger zu erhalten als die meisten ländlichen Gärten, denn sie sind in der Regel kleiner. Sie liegen oft auch besser geschützt als auf dem Land und dürften sogar frostfrei sein, so

dass Sie hier eine Reihe empfindlicher Pflanzen kultivieren können, ohne ihnen Winterschutz bieten oder sie ins Gewächshaus transportieren zu müssen.

Bei Stadtgärten scheint eine formale Gestaltung beliebter zu sein als eine natürliche, weil es einfacher ist, umgebende Mauern in einen systematischen und genauen Entwurf einzubeziehen. Bedenken Sie bei der Suche nach einem Design, dass der Garten eher von den oberen Stockwerken aus zu sehen sein wird als von den unteren, und dass von oben formale Anlagen besser aussehen als natürliche.

Die Größe ist eine der häufigsten Einschränkungen bei Stadtgärten, aber es gibt zahlreiche Möglichkeiten für eine optische Täuschung. Kleine Flächen wirken größer, wenn Sie verschiedene, durch Stufen verbundene Ebenen schaffen. Bei der Bodenverlegung lassen diagonale oder kreisförmige Anordnungen den Platz größer erscheinen.

Auch das Gestalten getrennter Bereiche ist eine gute Möglichkeit, mangelnde Größe zu kaschieren. Einige versteckte, durch einen geschlängelten Weg verbundene Ecken vermitteln ebenfalls die Illusion von Raum.

Lichtmangel ist ein weiteres häufiges Problem in Stadtgärten. In Gärten, die von Mauern umgeben sind, können Sie diese, zumindest einen Teil davon, weiß streichen, um das einfallende Licht zu reflektieren.

Auch die Schatten von benachbarten Gebäuden sind oft ein Problem, und die einzige Lösung sind hier Pflanzen, die Schatten vertragen. Diese gibt es jedoch in reicher Auswahl, und eine sorgfältige Kombination von Blatt- und Blütenpflanzen wird für Farbe und einen reizvollen Anblick sorgen. Mauer- und Kletterpflanzen spielen hier eine wichtige Rolle, weil sie die Gartenfläche vertikal vergrößern. Als zusätzliche Attraktion gewährt eine von Pflanzen bedeckte Mauer oder ein

Zaun ein gewisses Maß an Privatsphäre. Kübel und Hängekörbe können den unfruchtbaren Boden im Garten ersetzen.

Gärtnern in der Stadt bedeutet Pflanzen zu finden, die unter den gegebenen Bedingungen gedeihen, und das Beste aus dem verfügbaren Licht, Wasser und Platz zu machen.

BAUERNGÄRTEN AUF DEM LAND

Es gibt die klassische Vorstellung vom idealen ländlichen Garten: Von einem verträumten Pfad aus sieht man durch ein Tor in einer niedrigen Mauer auf einen breiten Weg aus Steinplatten, der zum Eingang eines alten Bauernhauses führt. Blumen hängen über den Wegrand und sprießen zwischen den Steinen,

um den Eingang ranken üppige Rosen. Ein solcher Garten wirkt deshalb so schön, weil er den Eindruck erweckt, perfekt mit seiner Umgebung zu harmonieren, was auf dem Land besonders wichtig ist.

»Unverfälscht«, das ist der Ausdruck, der einen Bauerngarten am besten beschreibt. Es ist ein Stil mit einer zufälligen Vielfalt von Pflanzen, nicht mit raffinierten Ideen sorgfältiger Pflanzenkombination, sondern mit Lieblingspflanzen, die einfach reizvoll oder auf irgendeine Art nützlich sind. Der Garten, in dem sie wachsen, wird einen kleinen, rein praktischen Rahmen haben, ohne großen Blick oder ausgefallenen Bodenbelag.

In einem Bauerngarten sollten möglichst Obst- oder andere blühende Bäume stehen.

Apfel, Birne, Pflaume und Kirsche schaffen die richtige Atmosphäre, ebenso Nussbäume wie Hasel und Mandel. Wenn es ausreichend Platz für einen großen Baum gibt, sollten Sie sich für Walnuss entscheiden. Vermeiden Sie große, aufrechte Koniferen; Immergrüne wie Stechpalme oder Eibe würden besser passen, und sie können zu Formen geschnitten werden und so, falls nötig, Spaß und formales Aussehen in den Garten bringen.

Bunte Pflanzen oder auch Kräuter sehen in schlichten Töpfen neben der Tür sehr gut aus. Versuchen Sie, Obst- und Gemüsepflanzen in den Garten zu integrieren, um sie ins beste Licht zu rücken. Haben Sie den Mut, Reihen von Gemüse, Kräutern, Einjährige oder Schnittblumen an einem Weg zu pflanzen. Sie müssen nicht immer herkömmliche Blumen nehmen, denn einen Bauerngarten kreieren Sie dadurch, wie Sie die Pflanzen einsetzen und gruppieren. Wählen Sie so viele duftende Pflanzen wie möglich aus, besonders unter den zahlreichen Sorten von Kletterrosen und Geißblatt.

Entstehen sollte ein allgemeiner Eindruck wohlgeordneter »Unordnung«, eine behagliche Kombination, in der alle Pflanzen aufeinander treffen dürfen. Man muss zwar viel Unkraut jäten, kann aber in Hülle und Fülle seine Lieblingspflanzen kultivieren.

LINKE SEITE: Eine große Zahl schattenliebendender Pflanzen in Kübeln, u. a. Farne und die auffallende großblättrige Funkie, wurden hier mit Kletter- und Mauerpflanzen kombiniert, um den schattigen Hof ins rechte Licht zu rücken.

LINKS: Der Inbegriff eines Bauerngartens: duftende Rosen, Flieder und Lilien verschmelzen mit den leuchtenden Blüten und Blättern der dekorativen wie nützlichen Kräuter.

PFLEGELEICHTE GÄRTEN

Den Garten ohne Arbeit gibt es nicht, aber Unkrautjäten und Ordnung halten lassen sich auf ein Minimum reduzieren. Natürlich entspricht das, was Sie aus Ihrem Garten machen, dem, was Sie investieren, und Sie dürfen kein Paradies erwarten, wenn Sie ihn vernachlässigen. Schönheit ohne Mühe zu wollen ist unrealistisch, aber Sie brauchen sich auch nicht zum Sklaven der Gartenarbeit zu machen. Nehmen Sie deshalb alles wahr, was unangenehme Aufgaben erleichtern kann.

Schon gute Gestaltung spart viel Arbeit. Legen Sie statt Rasen und Rabatten Hochbeete an und pflastern Sie den Boden, was pflegeleichter ist und in kleinen Gärten auch besser aussieht.

Für pflegeleichte Gärten ist Kies eine neue Alternative zum Pflaster. Er ist weicher, fließt entlang von Rundungen, und Pflanzen, die durchlässige Böden schätzen, gedeihen gut auf ihm. Breiten Sie aber unbedingt eine halbdurchlässige Folie darunter, was das Unkrautwachstum hemmt. Kiesbedeckter Boden hält nicht nur Unkraut in Grenzen, sondern isoliert auch gegen Feuchtigkeitsverlust, so dass Sie weniger gießen müssen.

Auswahl und Anordnung der Pflanzen haben großen Einfluss darauf, wie viel Zeit Sie später für die Pflege brauchen. Das Ziel eines pflegeleichten Gartens ist es, dafür zu sorgen, dass die Pflanzen sich weitgehend selbst ver-

sorgen. Nehmen Sie eher Sträucher, die nur wenig Schnitt benötigen, als solche wie Beetrosen, die mehr Aufmerksamkeit erfordern.

Unter krautigen Arten sind für einen pflegeleichten Garten die am geeignetsten, die sich selbst aussäen, ohne zu wuchern. Bodendecker sind ideal zum Füllen von Lücken zwischen Sträuchern und unterdrücken das Wachstum von Unkraut, vorausgesetzt, da, wo sie stehen, war auch vorher kein Unkraut.

INNENHOF UND TOPFGARTEN

Hören Sie nicht auf die Behauptung, Topfgärten seien nur zweite Wahl. Sie mögen arbeitsintensiver sein, aber zur Belohnung entwickeln sie sich üppig und außergewöhnlich, soweit Ihr Geldbeutel es zulässt.

Wenn Sie keinen Garten haben, sind Kübel die Lösung und die Antwort auf einen gepflasterten Innenhof in der Stadt oder eine Dachterrasse im zehnten Stock. Sie sind außerdem ausgezeichnet für Menschen, die sich zum Graben nicht bücken können, und bilden einen idealen Abschluss: Ein paar Blumenkästen werten jede Fassade auf. Was auch der Grund für einen Topfgarten sein mag, seine Möglichkeiten sind unbegrenzt.

Bestimmte Regeln für das Gärtnern mit Töpfen darf man nicht vergessen. Sie müssen bedenken, dass gelegentlich umgetopft und die Erde ausgetauscht werden muss, und das Wichtigste ist das Gießen. Haben die Töpfe ausreichend Drainage? Gibt es einen Wasseranschluss in der Nähe? Können Sie mit flüssigem Dünger umgehen? Was ist, wenn Sie unterwegs oder in Urlaub sind?

Das Gießen ist die wichtigste Arbeit im Topfgarten, und sie muss ausreichend und regelmäßig erfolgen. Der Regen reicht nicht aus, und ein Regenguss kann Sie zu der falschen Annahme verleiten, die Erde in den Töpfen sei nasser, als sie in Wirklichkeit ist. Für einen großen Topfgarten lohnt sich eine automatische Bewässerungsanlage.

Es ist wichtig zu entscheiden, ob Sie das ganze Jahr schöne Pflanzen haben möchten oder die Töpfe im Winter leer bleiben sollen. Denken Sie daran, dass viele Pflanzen, die im Boden winterhart sind, Kälte nicht vertragen, wenn ihre Wurzeln in einem Kübel dem Frost ausgesetzt sind. Gefrorene, nasse Erde kann die Töpfe zerspringen lassen, wenn sie sich ausdehnt. Umgekehrt können Gefäße im Sommer sehr heiß werden, was bei der Auswahl Ihrer Pflanzen zu bedenken ist: Die Wurzeln werden sehr leicht erhitzt.

Wenn Sie diese Aspekte beachten, können Sie Ihren Topfgarten nach Wunsch gestalten. Lorbeer, Zypressen, Kamelien oder Bambus in Töpfen lassen formale Innenhöfe anmutiger erscheinen. Sie können auch als Kontrast einige besonders dekorative Töpfe leer aufstellen. Große Betonbehälter können wie Gartenboden mit Bäumchen und Sträuchern bestückt werden. Steintröge eignen sich als Mini-Steingärten, man kann sie aber auch wie eine lebende Skulptur mit einer einzigen teppichartigen Pflanze füllen.

Töpfe, Kübel und sogar Hängekörbe im Bauerngarten-Stil lassen sich in allen Formen und Größen zusammenstellen, um in Eingangsbereichen oder an Treppen für Farbakzente zu sorgen. Zu diesem Stil passen auch Blumenkästen und Hängeampeln sehr gut, die die Möglichkeit für eine kühne oder behagliche Begleitbepflanzung an wichtigen Standorten bieten.

LINKE SEITE: Kies sieht nicht nur gut aus, sondern reduziert auch das Unkrautjäten und Gießen auf ein Minimum; daher eignet er sich perfekt für pflegeleichte Gärten.

OBEN: Die verschiedenen Größen und Formen der Gefäße in diesem Innenhof wirken einheitlich durch ihr Material - Terrakotta - und die begrenzte Farbpalette von Weiß, Silber und Grau, in der die Pflanzen gehalten sind.

GARTENPLÄNE

Einen neuen Garten zu planen macht Spaß; für manche ist es
wahrscheinlich die interessanteste Stufe der gesamten Gartengestaltung.
Es ist auch die Zeit, in der man genau darüber nachdenkt, was man vom
eigenen Garten erwartet, bevor die harte Arbeit beginnt.

In dieser Planungszeit können Sie sich mit dem Stift in der Hand hinsetzen, Ihre Ideen zu Papier bringen und Ihrer Fantasie freien Lauf lassen. Genaues, konstruktives Planen ist aber nicht nur ein schöpferischer Akt, man braucht auch einen kühlen Kopf. Sie müssen an das Rohmaterial denken, Stilrichtungen, praktische Anwendbarkeit und finanzielle Möglichkeiten bedenken und über all das grundlegende Entscheidungen treffen.

Wenn Sie den ersten Teil dieses Buches gelesen haben, wissen Sie bereits, welche Fragen sich Ihnen stellen. Ist Ihr Garten klein oder groß? Wollen Sie, dass er eine formale Ausstrahlung hat, oder bevorzugen Sie eine weniger geometrische Gestaltung? Möchten

Sie viel Zeit mit Gartenarbeit verbringen oder hätten Sie lieber eine pflegeleichte Anlage? Haben Sie Kinder, die Platz zum Spielen brauchen, oder soll Ihr Garten ein Ort sein, an dem Sie Ihre Leidenschaft für ungewohnliche Pflanzen ausleben können? Ist Ihr Garten quadratisch, rechteckig oder L-förmig, was Ihnen unbegrenzte Möglichkeiten für interessante Überraschungen bietet? Liegt Ihr Garten nur auf einer einzigen oder auf mehreren Ebenen? Sind Sie mit Stein und Beton zufrieden oder sehnen Sie sich nach etwas mehr Abenteuerlichem und Exotischem? Erst wenn Sie diese Fragen beantworten können, sollten Sie erwägen, mit dem Zeichnen eines detaillierten Planes zu beginnen.

Auf den nachfolgenden Seiten finden Sie 20 Vorschläge zur Planung eines Gartens. Werfen Sie einen Blick auf diese Ideen und achten Sie dabei nicht nur darauf, welcher der dargestellten Gärten am meisten mit den Materialien übereinstimmt, mit denen Sie arbeiten müssen, sondern überlegen Sie besonders, welcher von ihnen dem Garten am meisten ähnelt, den Sie gerne hätten. Die Pläne sind keine Entwürfe, die man bis auf den Platz des letzten Kübels sklavisch befolgen muss. Sie sollen vielmehr eine Quelle der Inspiration sein, aus der Sie schöpfen können, um Ihren persönlichen Traumgarten zu gestalten – einen Garten, der zu Ihrem Haus und zu Ihrem Lebensstil passt.

DER INNENHOF-GARTEN

Einfache, rechteckige Formen, ein ungewöhnlicher erhöhter Bereich, gewagte, interessante Pflanzen in Hochbeeten sowie Gefäße kaschieren die begrenzte Fläche dieses geschlossenen Innenhofes und erwecken ihn zum Leben.

PFLANZSCHLÜSSEL

1 *Acer palmatum* ›Butterfly‹ (Fächerahorn)
2 *Euphorbia characias* ssp. *wulfenii* ›Emmer Green‹ (Palisadenwolfsmilch)
3 *Hebe rakaiensis* (Strauchveronika)
4 *Lonicera rupicola* var. *syringantha* (Syn. *L. syringantha*)
5 *Euonymus fortunei* ›Emerald'n' Gold‹ (Kriechspindel)
6 *Philadelphus* ›Manteau d'Hermine‹ (Falscher Jasmin)
7 *Spiraea* ›Argura‹, Syn. *S.* x *arguta* ›Bridal Wreath‹ (Brautspiere)
8 *Jasminum officinale* (Jasmin)
9 *Pelargonium* (Geranie), Duftpelargonien
10 *Viburnum davidii* (Immergrüner Kissenschneeball)
11 *Stachys byzantina* ›Silver Carpet‹ (Wollziest)
12 *Choisya ternata* ›Sundance‹ (Orangenblume)
13 *Hedera helix* ›Goldchild‹, Syn. *H. helix* ›Gold Harald‹ (Efeu)
14 *Kniphofia* ›Little Maid‹ (Fackellilie)
15 *Smilacina racemosa* (Schattenblume)
16 *Bergenia* ›Bressingham White‹
17 *Thymus vulgaris* ›Silver Posie‹, Syn. *T.* ›Silver Posie‹ (Thymian)
18 *Mentha spicata* (Ährenminze)
19 *Clematis* ›Nelly Moser‹
20 *Symphoricarpos* x *doorenbosii* ›White Hedge‹ (Schneebeere)
21 *Rosmarinus officinalis* (Rosmarin)
22 *Rodgersia podophylla* (Schaublatt)
23 *Rheum* ›Ace of Hearts‹, Syn. *R.* ›Ace of Spades‹ (Rhabarber)
24 *Skimmia japonica* ›Wakehurst White‹, Syn. *S. japonica* ›Fructo Albo‹ (Skimmie)
25 *Potentilla fruticosa* ›Abbotswood‹ (Fingerkraut)
26 *Euphorbia characias* ssp. *wulfenii* ›John Tomlinson‹ (Palisadenwolfsmilch)
27 *Ruta graveolens* ›Jackman's Blue‹ (Gemeine Raute)
28 *Saxifraga* x *geum*, Syn. *S.* ›Hirsuta‹ (Steinbrech)
29 *Cornus alba* ›Elegantissima‹ (Tatarischer Hartriegel)
30 *Hydrangea paniculata* (Rispenhortensie)
31 *Pulmonaria* ›Lewis Palmer‹ (Lungenkraut)
32 *Pittosporum tobira* (Chinesische Klebsame)
33 *Hydrangea anomala* ssp. *petiolaris*, Syn. *H. petiolaris* (Kletterhortensie)
34 *Campanula persicifolia* ›Chettle Charm‹ (Pfirsich-blättrige Glockenblume)
35 *Hosta fortunei* var. *albopicta*, Syn. *H.* ›Aureomaculata‹ (Graublattfunkie)
36 *Morina longifolia* (Kardendistel)
37 *Fatsia japonica* (Zimmeraralie)
38 *Euryops acraeus* (Goldmargerite)
39 *Osmanthus delavayi* (Duftblüte)
40 *Passiflora caerulea* ›Constance Elliot‹ (Blaue Passionsblume)
41 *Escallonia rubra* ›Woodside‹, Syn. *E. rubra* ›Pygmaea‹ (Rote Escallonie)
42 *Mahonia aquifolium* (Gewöhnliche Mahonie)
43 *Heliotropium* ›White Lady‹ (Heliotrop)
44 *Actinidia kolomikta* (Strahlengriffel)
45 *Euonymus fortunei* ›Silver Queen‹ (Kriechspindel)
46 *Nepeta sibirica* ›Souvenir d'André Chaudron‹, Syn. *N.* ›Blue Beauty‹ (Katzenminze)
47 *Clematis montana* ›Alexander‹ (Bergwaldrebe)
48 *Hebe* ›Hagley Park‹ (Strauchveronika)
49 *Lavandula agustifolia* ›Hidecote‹ (Echter Lavendel)
50 *Tamarix parviflora*, Syn. *T. tetrandra* var. *purpurea* (Tamariske)
51 *Lonicera periclymenum* (Waldgeißblatt)
52 *Chrysanthemum* ›Golden Chalice‹ (Chrysantheme)
53 *Festuca glauca* ›Elijah Blue‹ (Blauschwingel)
54 *Lavandula agustifolia* ›Munstead‹ (Echter Lavendel)
55 *Phormium cookianium* ssp. *hookeri* ›Cream Delight‹ (Neuseeländer Flachs)
56 *Thuja plicata* ›Rogersii‹ (Riesenlebensbaum)
57 *Armeria maritima* (Gewöhnliche Grasnelke)
58 *Tanacetum argenteum* (Wucherblume)
59 *Sisyrinchium striatum* ›Aunt May‹ (Binsenlilie)
60 *Salvia officinalis* (Gartensalbei)
61 *Dianthus gratianopolitanus* (Pfingstnelke)
62 *Ophiopogon japonicus* (Schlangenbart)
63 *Cistus* x *hybridus*, Syn. *C.* x *corbariensis* (Zistrose)
64 *Nepata* x *faassenii* (Katzenminze)
65 *Santolina chamaecyparissus* (Heiligenkraut)
66 *Hebe cupressoides* ›Boughton Dome‹ (Strauchveronika)
67 *Phormium cookianum* ›Sundowner‹ (Neuseeländischer Flachs)
68 *Cotoneaster salicifolius* ›Gnom‹ (Immergrüne Zwergmispel)

Eine Reihe verschiedener Elemente erzielt hier die interessante und kontrastreiche Wirkung. Das schlichte Design rund um ein kleines Rechteck betont die Symmetrie der gesamten Fläche, aber die Form wird durch Pflanzen, die Ecken und kahle Bereiche des Bodens bedecken, weicher und belebter. Der Garten ist kühn gestaltet, und die Pflanzen sind so platziert, dass sie dem Raum eine gewisse Atmosphäre verleihen.

Die Pflanzen in der Mitte und um den Rand sind so ausgewählt, dass sie einen Kontrast zu den grauen Steinplatten bilden, deren Oberfläche durch verschiedene Schattierungen und Größen eine gewisse Struktur vortäuscht. Um eine Einheit herzustellen, bestehen die Mauern der Hochbeete aus Ziegelsteinen in derselben Farbe wie die Bodenplatten.

Dieser Garten, komplettiert durch eine Auswahl bunter und interessanter Pflanzen, ist ideal, um sich nach Feierabend darin zu erholen. Durch die Anordnung der Pflanzen und gestalterischen Elemente kann er nicht sofort vom Haus aus überblickt werden. Die Fläche wirkt so größer, als sie eigentlich ist, und Gäste werden verführt, jeden Winkel zu erforschen. Weil der Garten geschützt ist, kann er die meiste Zeit des Jahres genutzt werden, und durch die gute Planung und sorgfältige Auswahl der Pflanzen entstand hier ein herrlicher Zufluchtsort.

ELEMENTE

Das Hauptelement dieses Gartens ist eine erhöhte Plattform aus Stein sowie ein Hochbeet am anderen Ende. Diese Verschiebung der Ebenen braucht weniger Platz, als wenn die Elemente direkt auf dem Boden stünden, und rückt außerdem die Pflanzen in Augenhöhe. Die Plattform ist oben mit hellen Platten verlegt; die Pflanzen, ausgewählt wegen ihrer auffallenden Blätter, wachsen in kleinen Taschen mit Erde. Überraschungsmomente bilden eine kleine Mauer und die hübschen Solitärpflanzen, die hier besonders gut wirken.

Der übersichtliche Hauptbereich um den erhöhten Platz verleiht dem Garten ein Gefühl von Weite und regt dazu an, den Blick schweifen zu lassen. Bodenbelag und Pflanzung stehen überall in Wechselwirkung und vermitteln einen wohlgeordneten, sanften und entspannten Gesamteindruck. Die strenge und wirkungsvolle Gestaltung benötigt keine zusätzlichen Elemente.

PFLANZEN

Der feine, aromatische Duft einiger Pflanzen im Hochbeet verstärkt die entspannte Atmosphäre. Üppige Pflanzen wie Schaublatt (*Rodgersia podophylla*) und Zimmeraralie (*Fatsia japonica*) bilden eine dichte grüne Grenze.

Der durchbrochene Zaun bietet Kletterpflanzen Platz zum Wachsen und bildet einen grünen Hintergrund für den eigentlichen Gartenbereich. Seitlich wurden Spaliere angebracht, um mehr Pflanzen kultivieren zu können. Rankende Pflanzen wie Kletterhortensie und verschiedene Formen der Klematis bilden eine grüne Umrandung und sorgen in der Blütezeit für Farbe.

Die Farben sind weitgehend blass gehalten, da helle Töne den Bereich größer erscheinen lassen und die gedämpften Schattierungen die wenigen leuchtenderen Pflanzen besser zur Geltung bringen. In den zarten Grün-, Gelb-, Grau- und Blautönen der Blätter spiegeln sich auch die Farben der Bodenplatten wider, und in einem so kleinen Bereich wie diesem schaffen die feinen Farbtöne und interessanten Strukturen eine harmonische und ruhige Atmosphäre. Charakter und Individualität entstehen durch auffallende Solitärpflanzen wie Rhabarber (*Rheum* ›Ace of Hearts‹) und am Rand der mittleren Erhöhung durch einen Neuseeländer Flachs (*Phormium cookianum* ssp. *hookeri* ›Cream Delight‹). Duftende Kräuter und kleine Sträucher wachsen zusammen

in den Hochbeeten und bilden einen schönen Farb- und Formenkontrast.

Die Rechtecke der Plattform und der Beete könnten die Gesamtform bestimmen, aber die großen, rundlichen Pflanzen und die Klettergewächse mildern den ganzen Bereich ab und erzeugen eine freundliche Stimmung. Ein großer, mit einem Ahorn bepflanzter Kübel begrünt die Wand unter dem Fenster, und rankende Pflanzen kaschieren die Kanten

der Hochbeete, um die Strenge der Linien zu dämpfen.

Statt vieler kleiner Töpfe wurden nur einige große, mobile Gefäße aufgestellt, die weniger Arbeit machen. In Kübeln können Sie Ihre Lieblingspflanzen je nach Bedarf in helles Licht und in eine geschützte Lage rücken. Um dem Ganzen eine persönliche Note zu verleihen, können Sie die Töpfe nach eigenem Geschmack dekorieren.

TIPPS FÜR INNENHOF-GÄRTEN

- Bodenplatten dürfen nicht rutschig werden und sollten frei von Moos sein.

- Steinplatten sollten auf befestigtem Schottergrund und in Zementmörtel gebettet verlegt werden, besonders in häufig betretenen Bereichen.

- Verfugen Sie die Bodenplatten dort, wo keine Pflanzung nötig ist, um das Wachstum von Unkraut zu unterdrücken.

- Gestalten Sie gepflasterte Bereiche schlicht und übersichtlich.

- Holz statt Steinplatten schafft eine wärmere Atmosphäre und sorgt für eine weichere Oberfläche, wenn Sie Kinder haben.

- Um den Charakter des Gartens zu verändern, streichen Sie die Mauern der Hochbeete in hübschen Farben.

- Wählen Sie kleine bis mittelgroße Pflanzen aus und nur einige wenige große für eine besondere Wirkung in entfernteren Ecken.

- Nacheinander blühende Pflanzen sorgen für dauerhafte Farbe im Garten.

- Mit Immergrünen bepflanzt sind Mauern das ganze Jahr begrünt

LINKE SEITE: Dieses schattige Hochbeet sieht mit Pflanzen in blassen, zarten Farben gut aus. Eine *Astelia chathamica* ›Silver Spear‹ im Topf bildet den dramatischen Mittelpunkt.

OBEN LINKS: Die Blätter des Strahlengriffels (*Actinidia kolomikta*) sind auffallend panaschiert, die Farben jedoch gedämpft.

OBEN: Durch das Bepflanzen der Fugen zwischen den Bodenplatten wird jeder verfügbare Platz genutzt; gleichzeitig machen die Pflanzen die strengen Linien der Platten weicher.

DER PFLEGELEICHTE GARTEN

Eine große gepflasterte Fläche, geschickt eingesetzte Formen und Materialien und zurückhaltende, aber interessante Bepflanzung: so entsteht ein pflegeleichter, das ganze Jahr gut aussehender Garten, ein Paradies zur Entspannung.

PFLANZSCHLÜSSEL

1. *Petunia* Primetime-Serie (Petunie)
2. *Pelargonium* ›Tip Top Duet‹ (Geranie)
3. *Lobelie erinus* Kaskade-Serie (Männertreu)
4. *Hyacinthus orientalis* ›Distinction‹ (Hyazinthe)
5. *Tulipa biflora* (Tulpe)
6. *Acer palmatum* ›Butterfly‹ (Fächerahorn)
7. *Salvia patens* ›Cambridge Blue‹ (Ziersalbei)
8. *Hebe* x *franciscana* (Strauchveronika)
9. *Potentilla fruticosa* ›Elizabeth‹, Syn. *P. fruticosa* var. *arbuscula* (Fingerkraut)
10. *Daphne cneorum* (Maienseidelbast)
11. *Cistus* x *hybridus*, Syn. *C.* x *corbariensis* (Zistrose)
12. *Pyracantha coccinea* ›Lalandei‹ (Feuerdorn)
13. *Potentilla fruticosa* ›Sunset‹ (Fingerkraut)
14. *Hebe albicans* (Strauchveronika)
15. *Viburnum tinus* ›Pink Prelude‹ (Immergrüner Schneeball)
16. *Lonicera fragrantissima* (Wohlriechende Heckenkirsche)
17. *Phlomis* ›Edward Bowles‹ (Brandkraut)
18. *Hybericum bellum* (Johanniskraut)
19. *Lonicera periclymenum* ›Serotina‹ (Waldgeißblatt)
20. *Rosmarinus officinalis* (Rosmarin)
21. *Philadelphus* ›Belle Etoile‹ (Falscher Jasmin)
22. *Olearia* x *haastii*
23. *Hebe* ›Pewter Dome‹, Syn. *H. albicans* ›Pewter Dome‹ (Strauchveronika)
24. *Hydrangea involucrata* ›Hortensis‹ (Hortensie)
25. *Euonymus japonicus* ›Aureus‹, Syn. *E. japonicus* ›Aureopictus‹ (Spindelstrauch)
26. *Osmunda regalis* (Königsfarn)
27. *Skimmia japonica* ›Veitchii‹, Syn. *E. japonicus* ›Foremanii‹ (Skimmie)
28. *Furcraea foetida* var. *mediopicta*
29. *Hosta fortunei* var. *albopicta*, Syn. *H.* ›Aureomaculata‹ (Graublattfunkie)
30. *Clematis montana* (Bergwaldrebe)
31. *Spiraea japonica* ›Anthony Waterer‹
32. *Jasminum officinale* (Jasmin)
33. *Caltha palustris* (Sumpfdotterblume)
34. *Phyllostachys flexuosa* (Zickzackbambus)
35. *Lobelia cardinalis* (Kardinalslobelie)
36. *Arbutus unedo* ›Elfin King‹ (Erdbeerbaum)
37. *Deutzia* x *elegantissima* (Deutzie)
38. *Myosotis sylvatica* ›Music‹ (Vergissmeinnicht)
39. *Pachysandra terminalis* (Ysander)
40. *Platycodon grandiflorus* ›Perlmutterschale‹ (Ballonglockenblume)
41. *Campanula alliariifolia* (Glockenblume)
42. *Hedera helix* ›Dragon Clae‹ (Efeu)
43. *Mahonia aquifolia* (Gewöhnliche Mahonie)

44. *Aucuba japonica* ›Picturata‹ (Aukube)
45. *Washingtonia filifera* (Priesterpalme)
46. *Ailanthus altissima* (Chinesischer Götterbaum)
47. *Pieris japonica* ›White Cascade‹ (Schattenglöckchen)
48. *Spiraea* ›Argura‹, Syn. *S.* x *arguta* ›Bridal Wreath‹ (Brautspiere)
49. *Cytisus* x *praecox* (Elfenbeinginster)
50. *Elaeagnus pungens* (Dornige Ölweide)
51. *Mentha spicata* (Ährenminze)
52. *Stachys byzantina*, Syn. *S. lanata* (Wollziest)
53. *Jasminum nudiflorum* (Winterjasmin)

54. *Salvia microphylla* (Salbei)
55. *Cordyline fruticosa* ›Baby Ti‹ (Keulenlilie)
56. *Pontederia cordata* (Herzförmiges Hechtkraut)
57. *Nymphaea* ›Odorata Sulphurea Grandiflora‹ (Seerose)

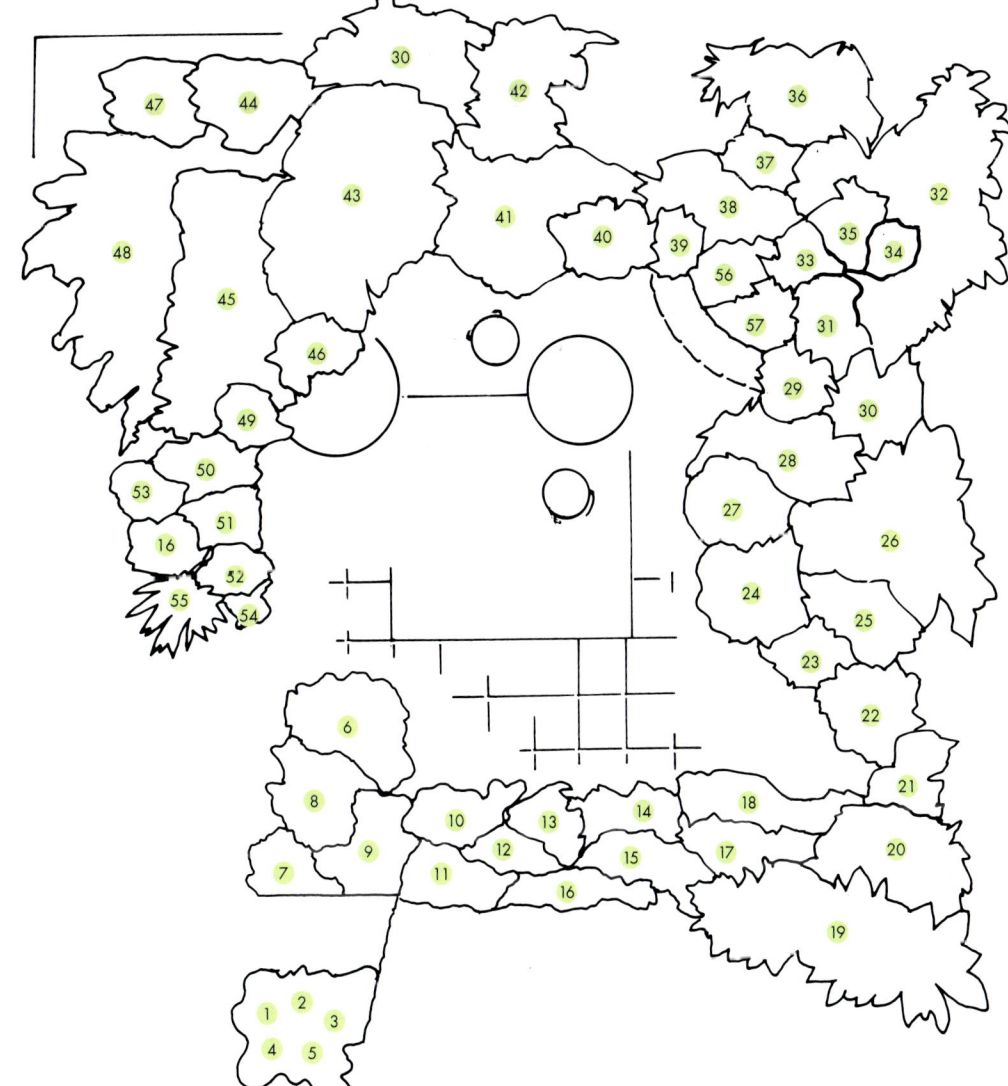

Der Mittelpunkt dieser schlichten Gestaltung ist ein recht heller Bereich in der Mitte des Gartens. Mit dem runden Sitzplatz und dem erhöhten Becken gibt es zusätzlich zwei interessante Elemente. Alles wurde so ausgewählt, dass es von Dauer ist und ohne großen Aufwand stets gut aussieht. Die Ziegelmauer im hinteren Bereich ist solide gebaut und wird in den nächsten Jahren keiner Pflege bedürfen. Die Gestaltung ist zurückhaltend, weil ein schlichtes Design pflegeleichter ist als ein kompliziertes. Außerdem erhöht die Einfachheit die Attraktivität dieses Gartens.

Die quadratische Grundform wurde durch asymmetrische Beete aufgehoben, die gebogene und gerade Linien verbinden, um die Abgrenzungen interessant und aufregend zu machen. Der mittlere Bereich ist gepflastert, was pflegeleichter ist als Rasen, und er wurde absichtlich nicht überladen, um die Fläche größer wirken zu lassen. Durch einen ebenfalls schlichten kleinen Eingang erreicht man über Stufen den Garten, der ganz von Pflanzen umgeben ist, um einen abgeschiedenen, privaten Bereich zu schaffen.

Die verschiedenen Ebenen und Strukturen sowie die gelungenen Kontraste zwischen dem strengen Bodenbelag und den Pflanzen bringen ein Gefühl der Harmonie und des Willkommenseins in diesen Garten.

ELEMENTE

Die seitlichen Hochbeete und das erhöhte Becken erzeugen interessante Höhenunterschiede, die auch den gepflasterten Hauptbereich betonen. Ein schmales Beet an der hinteren Mauer verbindet die Seiten des Gartens und macht die Mauer weicher. Der runde Sitzplatz im Schatten des Chinesischen Götterbaums (*Ailanthus altissima*) und der runde Beckenrand ergänzen und kontrastieren die quadratischen Bodenplatten.

In der Mitte der gepflasterten Fläche ist ein Quadrat abgesetzt, wo aus Ziegeln, Pflastersteinen und kleinen Platten ein interessantes, wirkungsvolles dekoratives Muster kreiert ist: ein Bereich, der sauber bleibt, wenn man ihn gelegentlich fegt. Verschiedene Muster und Materialien – Holz, Ziegel, Kieselsteine und Kies – wurden verwendet, um ein ganz individuelles Design zu bilden. Dieses Detail und die weißen schmiedeeisernen Möbel in der Mitte, die zu dem Sitzplatz unter dem Baum passen, lenken den Blick von den Abgrenzungen ab und die Aufmerksamkeit auf die Mitte des Gartens.

Das Becken sorgt für Kontrast in den Strukturen und ermöglicht die Kultur einiger besonderer Pflanzen. Die glatte Oberfläche des Wassers spiegelt das Laub der Pflanze dahinter, und die Wasserpflanzen selbst rücken in den Mittelpunkt des Interesses; sie wachsen in Behältern, um sich im Becken nicht zu stark auszubreiten und die Pflegearbeiten gering zu halten. Der Bereich hinter dem Becken ist mit kriechendem Laub bedeckt, so dass die Illusion entsteht, als würde das Wasserelement im Grün dahinter versinken. Ein Hochbeet mit bunten Sommerblumen würde eine ähnliche Wirkung wie die Wasserstelle erzielen, aber mehr Arbeit machen.

PFLANZEN

Es wurden Pflanzen gewählt, die lange schön aussehen. Manche bilden Blüten, andere Beeren, wieder andere haben eine herrliche Herbstfärbung oder sogar eine bunte Rinde im Winter. In einer Ecke wächst die ungewöhnliche Priesterpalme (*Washingtonia filifera*), eine prächtige, für sich sprechende Solitärpflanze, und ihr gegenüber der kleinere, aber winterharte Königsfarn (*Osmunda regalis*).

In den Ecken und größeren Beeten stehen Sträucher, um den Arbeitsaufwand niedrig zu halten, denn wenn diese Pflanzen angewachsen sind, versorgen sie sich weitgehend selbst.

Sie bilden einen tiefen, üppigen grünen Hintergrund für den Rest. Pflanzen mit strengen Formen wie die Keulenlilie (*Cordyline fruticosa* ›Baby Ti‹) sind in die weicheren Pflanzelemente eingefügt, um Kontraste in Form und Struktur zu bringen.

Kletterpflanzen wie Jasmin (*Jasminum officinale*) wachsen an den Spalieren, bilden einen lockeren, aber guten Sichtschutz und schaffen Privatsphäre. Die weißen Ziegel-

steine der Hauswand reflektieren das Licht und bilden einen effektvollen Hintergrund für Kletterpflanzen und Sträucher.

Töpfe mit einjährigen oder immergrünen Kriechgewächsen stehen auf den Stufen, um die Pflanzen näher ans Haus zu bringen. Wenn Sie dekorative Gefäße in passenden Farben verwenden, wird der Garten auch während der Ruhepause der Pflanzen im Mittelpunkt des Interesses stehen.

Die Beete am Rand sind unterschiedlich hoch und bieten zahlreichen Pflanzen Platz. Raffiniert ist in diesem Garten die Pflanzung durch eine durchlässige Mulchfolie unter einer Schicht Rindenmulch, die man mit Ösen aus Zaundraht auf dem Boden befestigt. Viele Pflanzen wachsen nach Erreichen der vollen Reife langsam weiter, und das ist eine einfache Möglichkeit, die nötige Arbeit an Schnitt und Teilung zu reduzieren. Ein gleich bei der Anlage im Beet eingebautes Bewässerungssystem spart Zeit und lässt die Pflanzen besser gedeihen, so dass der Garten schneller als erwartet die erwünschte Üppigkeit erreicht. Eine jährlich ausgebrachte neue Mulchschicht dient zur Speicherung der Feuchtigkeit und unterdrückt Unkraut.

LINKE SEITE: Ein erhöhtes Becken, eine Statue und ein Bogen stehen hier im Zentrum. Der sehr freie Bereich, Pflanzen in ruhigen Farben und der strenge Bodenbelag schaffen eine harmonische Atmosphäre.

OBEN LINKS: Die Wedel des Königsfarns, der eine schattige, geschützte Lage schätzt, sehen sehr anmutig aus, wenn sie sich entfalten.

OBEN: Hier entstand durch das Kombinieren von Ziegeln und Kieseln verschiedener Farben, Formen und Größen eine dekorative Kante.

TIPPS FÜR PFLEGELEICHTE GÄRTEN

- Verlegen Sie Steinplatten auf Sand-Zement-Mörtel und verfugen Sie alle Verbindungen, um das Wachstum von Unkraut zu unterdrücken.
- Wählen Sie Gartenmöbel und andere Elemente aus guter Qualität und beständigem Material aus, damit Sie lange Freude daran haben.
- Achten Sie darauf, dass die Pflanzen gesund sind und nicht stark wuchern.
- Bereiten Sie den Boden gut vor, damit die Pflanzen rasch anwachsen.
- Pflanzen Sie hauptsächlich Immergrüne, damit der Garten das ganze Jahr einen schönen Anblick bietet.
- Unterpflanzen Sie hohe sommergrüne Sträucher mit Bodendeckern, die sich ausbreiten, sowie mit Stauden, die gerne schattig und trocken stehen.
- Wählen Sie Pflanzen aus, die keine besondere Pflege benötigen und sich in den meisten Böden wohl fühlen.
- Nehmen Sie Pflanzen, die lange schön aussehen.
- Erledigen Sie Arbeiten wie Schneiden und Kehren regelmäßig, so dass sie nicht außer Kontrolle geraten.

DER KIESGARTEN

Platz und Licht sind die Schlüssel beim Design dieses anspruchsvollen Gartens. Cremefarbener Kies fließt um einen ziegelgepflasterten Innenhof und zwischen ihm und einer kleinen, steinumsäumten Rasenfläche, wobei jedes Material von unterschiedlicher Farbe und Struktur ist, vor denen die Pflanzen gut zur Geltung kommen.

PFLANZSCHLÜSSEL

1 *Geranium* x *oxonianum* ›Rose Clair‹ (Storchschnabel)
2 *Ajuga reptans* ›Catlin's Giant‹ (Kriechender Günsel)
3 *Cornus alba* ›Kesselringii‹ (Tatarischer Hartriegel)
4 *Dicentra macrantha* (Herzblume)
5 *Achillea ptarmica* ›Boule de Neige‹ (Sumpfgarbe)
6 *Penstemon* ›Chester Scarlet‹ (Bartfaden)
7 *Aconitum anthora* (Eisenhut)
8 *Persicaria affinis* ›Superba‹, Syn. *P. affinis* ›Dimity‹ (Schneckenknöterich)
9 *Gomphrena* ›Strawberry Fields‹ (Kugelamaranth)
10 *Helianthus annuus* ›Teddy Bear‹ (Sonnenblume)
11 *Lilium davidii* (Davidslilie)
12 *Lathyrus odorata* Multiflora-Gruppe (Duftwicke)
13 *Phormium cookianium* ssp. *hookeri* ›Cream Delight‹ (Neuseeländer Flachs)
14 *Brassica oleracea* ›Tokio‹ (Zierkohl)
15 *Sempervivum montanum* (Berghauswurz)
16 *Petunia* Duo-Serie ›Peppermint‹ (Petunie)
17 *Begonia* ›Pin-up‹ (Begonie)
18 *Hyacinthella glabrascen‹*
19 *Hieracium villosum* (Habichtskraut)
20 *Sedum kamtschaticum* var. *floriferum* ›Weihenstephaner Gold‹ (Kamtschatka-Sedum)
21 *Wulfenia amherstiana* (Kuhtritt)
22 *Pulsatilla vulgaris* (Gewöhnliche Küchenschelle)
23 *Elaeagnus pungens* ›Variegata‹, Syn. *E. pungens* Argentovariegata (Dornige Ölweide)
24 *Viburnum plicatum* f. *tomentosum* (Japanischer Schneeball)
25 *Gypsophila paniculata* ›Compacta Plena‹ (Riesenschleierkraut)
26 *Lonicera periclymenum* ›Serotinum‹ (Waldgeißblatt)
27 *Stachys byzantina*, Syn. *S. lanata* (Wollziest)
28 *Veronica spicata* ssp. *incana* (Ähriger Ehrenpreis)
29 *Buddleja davidii* ›White Profusion‹ (Schmetterlingsstrauch)
30 *Hebe salicifolia* (Strauchveronika)
31 *Viburnum* ›Eskimo‹ (Schneeball)
32 *Dianthus* ›Leslie Rennison‹ (Nelke)
33 *Campanula carpatica* f. *alba* ›Bressingham White‹ (Karpaten-Glockenblume)
34 *Veronica prostrata* ›Lodden Blue‹ (Teppichveronika)
35 *Penstemon pinifolius* ›Mersea Yellow‹ (Bartfaden)
36 *Campanula carpatica* ›Chewton Joy‹ (Karpaten-Glockenblume)
37 *Achillea clavennae* (Weißer Speik)
38 *Seriphidium nutans*, Syn. *Artemisia nutans*
39 *Alyssum wulfenianum* (Steinkraut)
40 *Cotoneaster simonsii* (Zwergmispel)
41 *Lychnis coronaria* ›Alba‹ (Kranzlichtnelke)
42 *Trachycarpus fortunei* (Chinesische Hanfpalme)
43 *Deutzia* x *elegantissima* ›Rosealind‹ (Deutzie)
44 *Philadelphus* ›Sybille‹ (Falscher Jasmin)
45 *Lonicera periclymenum* ›Graham Thomas‹ (Waldgeißblatt)
46 *Artemisia pontica* (Römischer Wermut)
47 *Solidago* ›Strahlenkrone‹ (Goldrute)
48 *Freesia* ›Ballerina‹ (Freesie)
49 *Pyrus salicifolia* ›Pendula‹ (Birne)
50 *Ampelopsis glandulosa* var. *brevipendunculata* ›Elegans‹ (Scheinrebe)
51 *Clematis montana* var. *rubens* ›Tetrarose‹ (Bergwaldrebe)
52 *Hosta* ›Blue Blush‹ (Funkie)
53 *Bergenia* x *schmidtii* (Bergenie)
54 *Stachys byzantina*, Syn. *S. lanata* (Wollziest)

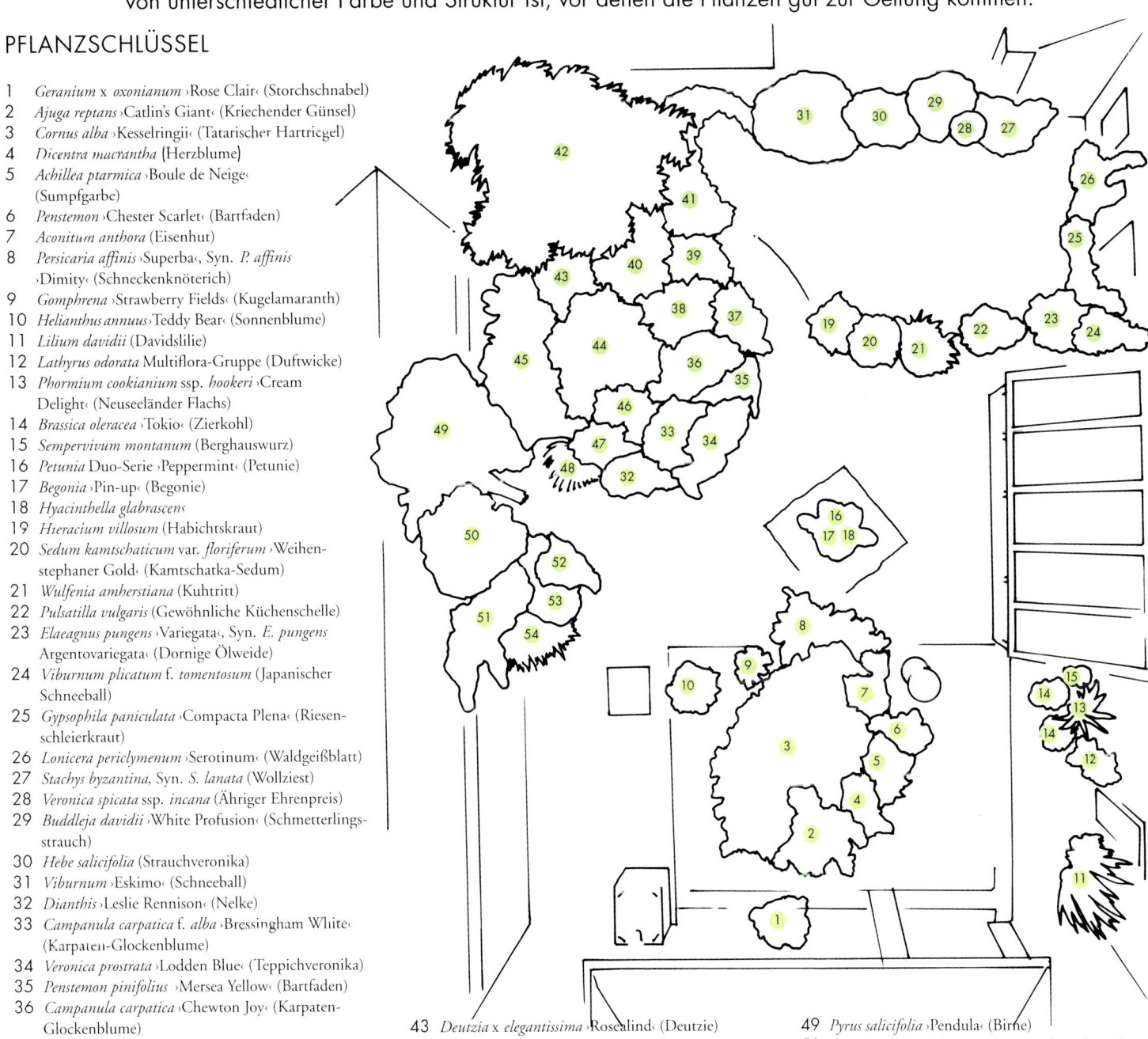

Kies ist ein idealer Bodenbelag, weil er durchlässig ist und viel aushält. Er ist billig, leicht anzulegen, schnell zu erneuern und elastisch. Kies ist eine gute Wahl für einen Garten, den Sie später vielleicht verändern wollen. Sie erhalten ihn in verschiedener Körnung und in vielen Farben, wodurch er perfekt mit anderen Materialien wie Ziegeln und Steinplatten harmonieren kann.

Kies eignet sich auch hervorragend als heller Hintergrund, vor dem Pflanzen gut zur Geltung kommen. Er wirkt weicher als die meisten Bodenbeläge, und die Stimmung im Garten ändert sich je nach Wetter, denn Kies kann sehr unterschiedlich aussehen, je nach dem, ob er nass oder trocken ist. Das Einbeziehen einer kleinen Rasenfläche verhindert, dass der Garten zu nüchtern wirkt.

Dieser Garten enthält viele verschiedene Farben, Strukturen und Höhen und ist eine warme, freundliche Ergänzung des Hauses. Um seine quadratische Grundfläche auszugleichen, wurde extra ein asymmetrischer Plan entworfen. Die einzelnen Elemente sind so in den relativ kleinen Bereich integriert, dass ein verblüffender, einladender Garten entstand, voller Harmonie und Kontrast zwischen Ziegeln, Rasen und Kies. Der erhöhte Innenhof wirkt strenger, was Rasen und Sträucher aber perfekt ausgleichen.

ELEMENTE

Hier wurde cremefarbener Kies in einheitlicher Körnung verwendet, um ein Gefühl der Harmonie und eine einheitliche Struktur zu schaffen. Es scheint, als würde der Kies durch den Garten fließen, alle Bereiche miteinander verbinden und eine Einheit bilden. Das Beet in der Ecke, das größere Pflanzen enthält, um in sich abgeschlossen zu wirken, ist mit Kies bedeckt, der sich um das Beet fortzusetzen scheint. So entsteht der Eindruck, der Garten würde dahinter weitergehen und man könne ihn nicht auf einmal überblicken.

Ein kleiner gepflasterter Innenhof ist als getrennter Bereich durch kontrastierende Zie-

gel in kräftigen Farben abgesetzt. Sie betonen die Form des Hofes und bieten einen Platz, an dem die Kübelpflanzen gut wirken und zusätzliche Wärme und Farbe bringen. Die schmalen Mauern des Innenhofs bringen als ideale Stellfläche für kleine Töpfe mit bunten Blumen diese in Augenhöhe. Vor dem Innenhof entstand ein kleineres Quadrat aus größeren weißen Ziegelsteinen, in dem ein Gefäß mit leuchtenden Blütenpflanzen versenkt ist.

Der an das Haus angebaute Wintergarten braucht wenig Platz und verbindet es mit dem

Garten. Eine Reihe kälteempfindlicher Pflanzen kann darin kultiviert werden, die hier mehr Wärme und Schutz bekommen.

Ein kleines Rasenstück, das Kontrast in Struktur und Farbe bringt, ist von einem stabilen steinernen Rand eingefasst, damit der Kies liegen bleibt. Die Kübelpflanzen stehen auf der Kiesseite, was das Ganze weicher erscheinen lässt und Rasen- und Kiesfläche verbindet. Der Rasen selbst liegt schattig und wirkt durch die Sträucher ringsum etwas abgeschieden; ihre Üppigkeit steht auch in hübschem Kontrast zu dem Kies.

Kleine Gefäße mit aufregenden Pflanzen wie Neuseeländer Flachs (*Phormium cookianium* ssp. *hookeri* ›Cream Delight‹) und Davidslilie (*Lilium davidii*) stehen zwischen dem erhöhten Innenhof aus Ziegeln und der Hausmauer, eine interessante Pracht, die bei Bedarf auf den Innenhof oder zum Überwintern in den Wintergarten umziehen kann.

Das ovale, von groben Steinen eingefasste Beet ist üppig mit vielfältigen Pflanzen bestückt, die über lange Zeit blühen und so zu einem sich ständig verändernden Blickpunkt werden. Ein kleines, halbrundes Beet vor der Mauer vervollständigt das Ganze.

Eine einzelne Steinplatte mitten im Kies ist ein Überraschungsmoment, das eine relativ große, sonst womöglich etwas langweilige Kiesfläche unterbricht; außerdem kann sie als Stellfläche für eine Topfpflanze dienen.

Das Wasserelement, ein Becken mit einer sanft sprudelnden Fontäne, ist sehr einfach, sorgt aber für das beruhigende Plätschern des Wassers und wird in dem Gartenbereich nahe der Garagenmauer zum Mittelpunkt.

PFLANZEN

Hier sind eher kleinere Flächen bepflanzt, was aber sehr gut aussieht und nicht nur von den Farben der Blumen lebt. Die tiefen Rottöne der Pflanzen auf dem Innenhof, etwa des Kriechenden Günsels (*Ajuga reptans* ›Catlin's Giant‹), die Strukturen und die Grüntöne von Rasen und Sträuchern bieten ein Schauspiel der Blätter.

Eine oder zwei Kletterpflanzen sollen die Mauerkrone begrünen, eine weitere wächst an einem Spalier neben dem Rasen die Hauswand hoch. Der größte Teil der Mauerfläche bleibt jedoch kahl, um die Pflanzen hervorzuheben und den Blick auf den Garten zu lenken.

Die große Chinesische Hanfpalme (*Trachycarpus fortunei*) mit ihren spitzen Blättern steht in der äußeren Ecke, wo sie unwiderstehlich die Blicke auf sich zieht. Einen Kontrast zu den Grünpflanzen bilden die vielen weißen Blumen in dem großen Beet.

TIPPS FÜR KIESGÄRTEN

- Eine durchlässige Folie unter dem Kies hemmt das Wachstum von Unkraut.
- Die Kiesschicht sollte mindestens 3 cm dick sein.
- Achten Sie darauf, dass die Kiesfläche eingefasst ist, damit der Kies nicht in andere Bereiche gelangt und dort Probleme bereitet.
- Die Tragschicht sollte aus Schotter und Sand bestehen.
- Kies sollte ohne Unkraut und sauber sein, sonst verliert er seine Wirkung.
- Wählen Sie keinen zu kleinen Kies und denken Sie daran, dass es stilvoller aussieht, wenn er einfarbig und von gleicher Körnung ist.
- Bauen Sie den erhöhten Innenhof aus Holz, damit er weicher wirkt.

LINKE SEITE: Dieser Kiesgarten enthält sonnenliebende Gewächse wie Iris und Eukalyptus. Die Kiesoberfläche wird von glatten, weißen Steinen und stacheligem Hauswurz (*Sempervivum*) in Töpfen unterbrochen.

OBEN: Die spitzen Blätter der Chinesischen Hanfpalme (*Trachycarpus fortunei*) bieten einen ungewöhnlich hohen Blickfang für einen Kiesgarten.

DER WALDGARTEN

Dieser stark durchstrukturierte Garten betont Abgeschiedenheit, Privatsphäre und Ruhe. Zur Entspannung einladende Möbel können in der »Lichtung« oder auf dem sonnigen gepflasterten Innenhof am Haus aufgestellt werden.

PFLANZSCHLÜSSEL

1 *Pelargonium* Tornado-Serie (Geranie)
2 *Phormium tenax* ›Variegatum‹ (Neuseeländer Flachs)
3 *Heuchera* ›Palace Purple‹ (Purpurglöckchen)
4 *Hedera hibernica*, Syn. *H. helix* ssp. *hibernica* (Großblättriger Efeu)
5 *Hydrangea anomala* ssp. *petiolaris*, Syn. *H. petiolaris* (Kletterhortensie)
6 *Lonicera etrusca* ›Superba‹ (Heckenkirsche)
7 *Forsythia* x *intermedia* ›Lynwood‹ (Forsythie)
8 *Primula vulgaris* ›Double Sulphur‹ (Kissenprimel)
9 *Hebe rakaiensis* (Strauchveronika)
10 *Salvia officinalis* ›Icterina‹ (Gartensalbei)
11 *Pittosporum tenuifolium* ›Irene Paterson‹ (Klebsame)
12 *Fagus sylvatica* ›Purpurea Pendula‹ (Rotbuche)
13 *Lavatera* ›Burgundy Wine‹ (Buschmalve)
14 *Quercus pontica* (Eiche)
15 *Digitalis purpurea* Excelsior-Gruppe (Purpurfingerhut)
16 *Hydrangea quercifolia* ›Snow Flake‹ (Hortensie)
17 *Corylus avellana* (Haselnuss)
18 *Magnolia* ›Iolanthe‹ (Magnolie)
19 *Sorbus aucuparia* (Vogelbeere)
20 *Eleagnus* x *ebbingei* ›Gilt Edge‹ (Wintergrüne Ölweide)
21 *Garrya elliptica* ›James Roof‹
22 *Robinia pseudoacacia* ›Frisia‹ (Falsche Akazie)
23 *Betula ermanii* (Birke)
24 *Malus* ›Butterball‹ (Zierapfel)
25 *Fagus sylvatica* (Rotbuche)
26 *Prunus padus* (Traubenkirsche)
27 *Filipendula palmata* (Mädesüß)
28 *Mahonia aquifolium* (Gewöhnliche Mahonie)
29 *Acer griseum* (Ahorn)
30 *Ilex* ›Brillant‹ (Stechpalme)
31 *Laburnum anagyroides* (Gemeiner Goldregen)
32 *Ulmus procera* (englische Ulme)
33 *Crataegus laevigata* ›Plena‹, Syn. *C. laevigata* ›Flore Pleno‹ (Weißdorn)
34 *Betula pendula* (Weißbirke)
35 *Milium effusum* ›Aureum‹ (Waldflattergras)
36 *Luzula sylvatica* ›Marginata‹, Syn. *L. sylvatica* ›Aureomarginata‹ (Hainsimse)
37 *Daphne laureola* (Lorbeerseidelbast)
38 *Syringa vulgaris* (Flieder)
39 *Cornus alba* ›Elegantissima‹ (Tatarischer Hartriegel)
40 *Carpinus betulus* (Hainbuche)
41 *Prunus spinosa* (Schlehe)
42 *Laurus nobilis* (Lorbeer)
43 *Rosa rugosa* (Kartoffelrose)

44 *Lavandula angustifolia* ›Munstead‹ (Lavendel)
45 *Helleborus argutifolius*, Syn. *H. corsicus* (Nieswurz)
46 *Spiraea japonica* ›Little Princess‹ (Spierstrauch)
47 *Berberis darwinii* ›Flame‹ (Berberitze)
48 *Philadelphus* ›Dame Blanche‹ (Falscher Jasmin)
49 *Cotoneaster* ›Cornubia‹ (Zwergmispel)
50 *Berberis* ›Goldilocks‹ (Berberitze)
51 *Rosa* ›Paul's Scarlet Climber‹
52 *Rosa* ›Ferdy‹, Syn. *R.* ›Keitoli‹
53 *Rosa* ›Climbing Iceberg‹
54 *Rosa filipes* ›Kiftsgate‹

55 *Rosa* ›Golden Showers‹
56 *Crocus pulchellus* (Herbstkrokus)
57 *Narcissus* ›Beryl‹
58 *Anemone nemorosa* (Waldanemone)
59 *Viola odorata* (Duftveilchen)
60 *Crocus speciosus* ›Oxonian‹ (Prachtkrokus)
61 *Oxalis lobata* (Sauerklee)
62 *Centaurea cyanus* (Kornblume)

56, 57 und 58 wurden aufs Geratewohl am Rasenrand gepflanzt.

ELEMENTE

In diesem Garten ist nur der gepflasterte, ans Haus grenzende Innenhof formal, der aus großen, flachen Steinplatten besteht und sich als warmer und sonniger Sitzplatz eignet. Er dient als Trennung zwischen dem Haus und den Sträuchern, die das Hauptelement der Bepflanzung sind. Zwei flache Stufen führen vom Hof zum Rasen auf einer etwas niedrigeren Ebene. Das Verhältnis von Steinplatten und Rasen beträgt etwa eins zu zwei, was für einen Garten dieser Größe angemessen ist.

Der Rasen liegt leicht schattig, ohne zu kühl und feucht zu sein, und eignet sich ausgezeichnet, um draußen zu essen. Die leichten Möbel können für einen Szenenwechsel problemlos vom Rasen zum Innenhof getragen werden. Sie sind weiß, damit ein Kontrast entsteht, der das Ganze interessanter macht. Der Rasen aus einer Samenmischung hält einiges aus und gedeiht im Schatten gut. Er wird nur leicht und nicht zu kurz gemäht.

PFLANZEN

Die Pflanzen, die den Rasen säumen, verleihen dem Garten die Atmosphäre einer Waldlandschaft. Die Grenzmauern sind völlig von Pflanzen bedeckt, deren Zweige über das Gras hängen, gesprenkelte Schatten werfen und die Rasenkante kaschieren. Mobile Kübelpflanzen zieren den Innenhof, eine bepflanzte Urne betont die verschiedenen Ebenen der Stufen und lässt den Zugang zum Rasen schmaler wirken, was das Gefühl verstärkt, man betrete eine Waldlichtung.

Durch die Vielfalt der Sträucher und anderen Waldpflanzen fallen ständig andere Arten ins Auge. Waldpflanzen sind entweder hoch und starkwüchsig oder niedrig und Schatten liebend. Wählen Sie die Arten so aus, dass das ganze Jahr über etwas blüht.

Ein Mix aus immergrünen und anderen Sträuchern sorgt für ständig wechselnde Farbmuster, die natürlich und angenehm für die Augen sind, während die üppigen Pflanzen

D er Mittelpunkt dieses Gartens ist der Rasen, der von höheren, in tiefe Rabatten eingesetzten Pflanzen umsäumt ist und einer Waldlichtung ähnelt. Die hohen Pflanzen vermitteln das Gefühl von Abgeschiedenheit. Die Grundgestaltung ist geometrisch, aber die Elemente sind weicher und weitläufig, um zueinander zu passen. Das strenge Design entsteht durch die Art, in der die einzelnen Elemente – Rasen, Sträucher, Bäume, Blumen und der große Hof – kombiniert sind, um einen harmonischen Garten zu schaffen.

und die dunklen Schatten in den Beeten geheimnisvoll wirken. Es wurden heimische Arten gewählt, die unter diesen Bedingungen gut gedeihen und sehr natürlich aussehen. In der Nähe des Hauses wachsen niedrigere Waldpflanzen, damit dieses nicht völlig verdeckt wird und Vielfalt und Farbe entstehen. Sie tragen Beeren und Früchte, welche Singvögel und andere kleine Gäste anlocken, um die schöne Waldatmosphäre zu vervollkommnen.

Bei einem Gartenspaziergang kann man zwischen den üblichen Pflanzen Kräuter und Schatten liebende Arten finden. Im vorderen Teil des hinteren Beetes stehen Schattenpflanzen wie Hainsimse (*Luzula sylvatica* ›Marginata‹), um diesen geschützten Platz zur Geltung zu bringen. Seitlich zwischen vielen robusten Gräsern wachsen Wildblumen, die nur selten gemäht werden müssen und Lücken füllen, die überhängende Pflanzen hinterlassen.

Auf der gepflasterten Fläche kann man in Gefäßen Pflanzen halten, die sich an schattigeren Plätzen nicht wohl fühlen würden. Die

Töpfe, die sich je nach Bedarf umstellen lassen, enthalten u. a. leuchtende Pelargonien, aber sie könnten ebenso mit Gräsern bepflanzt werden, um das Waldthema zu erweitern, oder mit bunten Einjährigen für mehr Farbe. Die zahlreichen Sträucher und Kletterrosen in der Nähe der Fenster werden durch die hohen Sträucher dahinter unterstrichen und dienen als Übergang von dem dichten und üppigen Grün zu der Leichtigkeit des Innenhofes, während die Kletterpflanzen an der Mauer beim Fenster den Garten direkt ans Haus bringen.

Ein leuchtend bunter kleiner Baum wie eine Falsche Akazie (*Robinia pseudoacacia* ›Frisia‹) am äußersten Ende einer Anlage zieht den Blick auf sich und betont so deren Länge. Im Winter blühende Sträucher wie Lorbeerseidelbast (*Daphne laureola*) bringen Farbe in den Garten, bevor die Zwiebelgewächse im Frühjahr blühen. Weiß blühende Arten wie die Hortensie *Hydrangea quercifolia* ›Snow Flake‹ werden zu Highlights vor dem dunkelgrünen Hintergrund und schaffen einen zusätzlichen Blickpunkt .

LINKE SEITE: Die »Lichtung« in diesem Garten ist der ideale Platz für Tisch und Stühle und die weiße schmiedeeiserne Bank in dem üppigen Grün der Pflanzen.

OBEN RECHTS: Eine dicht bepflanzte, geschwungene Rabatte verläuft ganz natürlich in den schattigen »Waldbereich« mit den größeren Pflanzen.

TIPPS FÜR WALDGÄRTEN

- Setzen Sie Zwiebelpflanzen wie Krokusse, Waldanemonen, Narzissen und Winterling (*Eranthis hyemalis*) ein, damit der Garten im Frühjahr einen bunten Anblick bietet.

- Nehmen Sie Pflanzen, die in schattigen Waldgebieten gut gedeihen und nicht für sonnige Beete geeignet sind.

- Schneiden Sie Bäume und Sträucher zurück, damit das Blätterdach nicht zu dicht wird, und sorgen Sie gegen Pilzsporen für gute Luftzirkulation.

- Stutzen Sie stark überhängende oder zu niedrige Triebe, damit im Rasen keine kahlen Stellen entstehen.

- Größere, ausgewachsene Sträucher sind besser geeignet als kleinere, weil sie sich besser behaupten können und schneller anwachsen.

- Gegen Unkraut hilft Mulch zwischen Sträuchern und um neue Pflanzen herum.

- Stellen Sie Tier- und andere Figuren aus Holz auf, um eine märchenhafte Stimmung zu erzeugen oder die Waldatmosphäre zu vervollkommnen.

DER STRAUCHGARTEN

Rund verlaufendes Mauerwerk und unterschiedliche Ebenen, Kontrast bildendes Laub und strahlende Blüten wurden kombiniert, um auf dieser quadratischen Fläche einen einfallsreichen und außergewöhnlichen Garten zu gestalten. In einzelnen Hochbeeten lassen sich die Lieblingspflanzen mit besonderen Bodenansprüchen kultivieren.

PFLANZSCHLÜSSEL

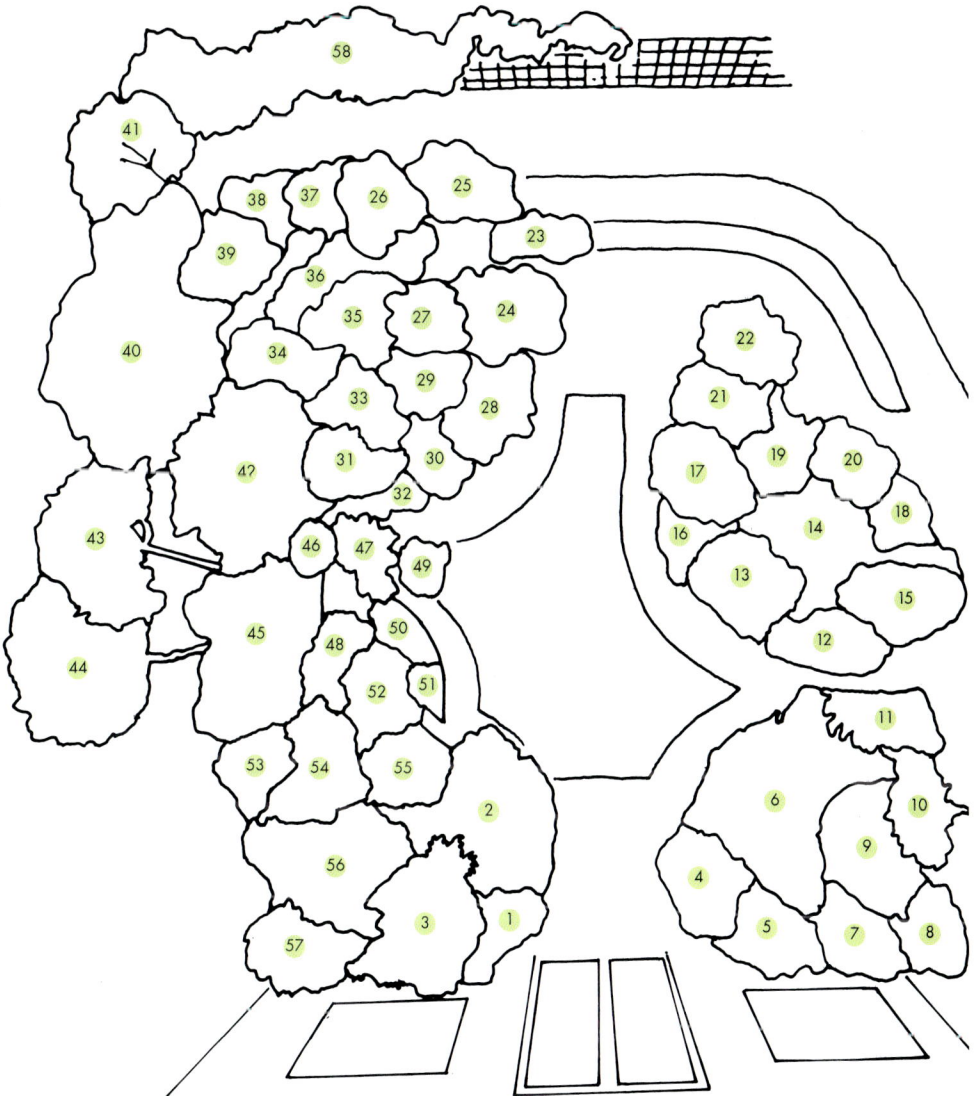

1 *Salvia officinalis* ›Tricolor‹ (Gartensalbei)
2 *Hydrangea* ›Preziosa‹, Syn. *H. serrata* ›Preziosa‹ (Hortensie)
3 *Lonicera nitida* ›Baggesen's Gold‹ (Heckenmyrte)
4 *Sarcococca ruscifolia* (Fleischbeere)
5 *Hebe* ›Bowles's Hybrid‹, Syn. *H.* ›Bowle's Variety‹ (Strauchveronika)
6 *Brachyglottis greyi*, Syn. *Senecio greyi*
7 *Cornus alba* ›Siberica‹, Syn. *C. alba* ›Westonbirt‹ (Purpurhartriegel)
8 *Forsythia suspensa* (Forsythie)
9 *Skimmia japonica* (Skimmie)
10 *Ribes sanguineum* ›Broclebankii‹ (Blutjohannisbeere)
11 *Pieris floribunda* (Schattenglöckchen)
12 *Stachys byzantina*, Syn. *S. lanata* (Wollziest)
13 *Euonymus fortunei* ›Emerald 'n' Gold‹ (Kriechspindel)
14 *Nepeta* x *faassenii*, Syn. *N. mussinii* (Katzenminze)
15 *Hebe* ›Blue Clouds‹ (Strauchveronika)
16 *Salvia* ›Purple Majesty‹ (Salbei)
17 *Hebe* ›Autumn Gold‹
18 *Hydrangea macrophylla* ›Lilacina‹ (Hortensie)
19 *Buddleja globosa* (Schmetterlingsstrauch)
20 *Berberis* x *frikartii* (Berberitze)
21 *Hebe albicans* (Strauchveronika)
22 *Ceanothus* ›Burkwoodii‹ (Säckelblume)
23 *Senecio cinerarie* ›Silver Dusk‹ (Silberblatt)
24 *Daphne jasminea* (Seidelbast)
25 *Amherstia nobilis* (Tohabaum)
26 *Rhododendron argyrophyllum*
27 *Azalea* ›Palestrina‹ (Azalee)
28 *Rosa rugosa* (Kartoffelrose)
29 *Azalea* ›Beethoven‹
30 *Gaultheria procumbens* (Rebhuhnbeere)
31 *Gaultheria mucronata*, Syn. *Pernettya mucronata* (Torfmyrte)
32 *Campanula carpatica* ›Bressingham White‹ (Karpaten-Glockenblume)
33 *Azalea* ›Kirin‹
34 *Rhododendron* ›Golden Touch‹
35 *Skimmia japonica* ›Rubella‹
36 *Rhododendron* ›Revlon‹
37 *Calluna vulgaris* ›Dark Beauty‹ (Heidekraut)
38 *Kalmia latifolia* (Berglorbeer)
39 *Trillium grandiflorum* (Dreiblatt)
40 *Rosmarinus officinalis* (Rosmarin)
41 *Ginkgo biloba*
42 *Cornus alba* ›Elegantissima‹ (Tatarischer Hartriegel)
43 *Tamarix tetrandra* (Tamariske)
44 *Gleditsia triacanthos* ›Sunburst‹ (Falscher Christusdorn)

45 *Juniperus comminis* ›Compressa‹ (Gewöhnlicher Wacholder)
46 *Salvia elegans* (Salbei)
47 *Camellia japonica* ›Tricolor‹, Syn. *C.* ›Tricolor Sieboldii‹ (Kamelie)
48 *Choisya ternata* (Orangenblume)
49 *Camellia* ›Cornish Show‹ (Kamelie)
50 *Tagetes* Solar-Serie
51 *Papaver orientale* (Türkischer Mohn)
52 *Santolina chamaecyparissus*, Syn. *S. incana* (Heiligenblume)

53 *Azalea* ›Ballerina‹
54 *Artemisia ludoviciana* (Weißer Beifuß)
55 *Ruscus aculeatus* (Stechender Mäusedorn)
56 *Ribes sanguineum* ›King Edward VII‹ (Blutjohannisbeere)
57 *Viburnum tinus* (Immergrüner Schneeball)
58 *Lonicera fragrantissima* (Wohlriechende Heckenkirsche)

Der breite quadratische Garten wirkt durch mehrere verschieden große und hohe Hochbeete sehr interessant. Sie bringen Vielfalt in den Garten und ermöglichen einen asymmetrischen, kurvig angelegten Rasen, der von der Symmetrie und quadratischen Form der Grundfläche ablenkt.

Jeder Teil des Gartens zieht den Blick auf sich. Die imposante hintere Mauer wurde durch eine niedrigere Wand davor geschickt geteilt, um den Blick wieder auf den Garten zu lenken. Was ein dunkler, versteckter Bereich hätte sein können, wurde zu einem farbenprächtigen Paradies, das das ganze Jahr einen schönen Anblick bietet. Die Vielfalt von Sträuchern als hauptsächliche Bepflanzung sieht nicht nur abwechslungsreich aus, sie ist auch pflegeleicht. Einmal angewachsen, erfordert diese Anlage wenig Arbeit, um gut auszusehen; nur der Rasen braucht etwas mehr Pflege und muss gemäht werden.

ELEMENTE

Die grauen Ziegelsteine der Mauern bilden einen schönen Kontrast zum Laub und bringen die Blüten bestens zur Geltung. Da der Garten der Sonne abgewandt ist, wurden die höheren Böschungen nicht bepflanzt, um soviel Licht wie möglich durchzulassen.

Der kleine Innenhof ist eben; die Pflanzen rücken ganz nah ans Haus und bringen den Garten dicht an den Wohnbereich, um die Bewohner ins Freie zu locken. Stufen führen vom Hof zum Rasen, der der ideale Boden für diesen Hauptteil des Gartens ist. Sein weiches Grün bildet einen strengen Kontrast zu den grauen Ziegeln und den Pflanzen, die ihn umgeben. Weiße Stufen und eine weiße Kante rahmen den Rasen ein und betonen seine ungewöhnliche Form. Gleichzeitig verbindet diese weiße Linie den Innenhof mit dem restlichen Garten.

Da die hinteren Beete höher sind als die vorderen, wächst hier ein grüner, üppiger Hintergrund aus Pflanzen, der wie eine tiefe,

dunkle Grenze wirkt. Der grobe Zaun bietet Sichtschutz, ohne das Licht zurückzuhalten.

PFLANZEN

Wenn Sie Sträucher mit dekorativem Laub auswählen und sommer- und immergrüne Gehölze kombinieren, dann gibt es in Ihrem Garten das ganze Jahr über immer neue Farben und interessante Blätter. In Hochbeeten können Sie dank des geeigneten Substrates anspruchsvolle Pflanzen unterbringen – so kann man in einem Garten mit neutralem Boden etwa die richtigen Bedingungen für

Säure liebende Pflanzen schaffen. In dieser Anlage sorgen Kamelien, Rhododendren, Azaleen und Erika für eine herrliche Farbenpracht.

Die Pflanzen wurden wegen ihrer Formen, Strukturen und Farben ausgewählt. Niedrige Stauden zwischen den Sträuchern bringen im Sommer zusätzlich Farbe. Verschiedene Grüntöne und Blattgrößen schaffen hier insgesamt eine friedliche Atmosphäre, während die bunte, der Sonne zugewandte Ecke abwechslungsreicher und sehr dekorativ ist.

In einer Rabatte hängt die Farbe nicht alleine von den Blüten ab. Pflanzen mit silbrigem oder bläulichem Laub wie Wollziest (*Stachys byzantina*), Weißer Beifuß (*Artemisia ludoviciana*) und Heiligenkraut (*Santolina chamaecyparissus*) hellen Rabatten auf und bieten eine Vielfalt an Form und Struktur, und ihre feinen Farbtöne und Beschaffenheit lässt ein silber-blaues Beet entstehen.

Scharfe Kanten im Garten werden von Pflanzen verdeckt, die darüber wachsen. Für Höhe sorgen Gewächse wie der Schmetterlingsstrauch (*Buddleja davidii*), während bodennahe Sommerpflanzen für Vielfalt sorgen. Wenn Sie auch im Frühjahr einen schönen Anblick genießen wollen, können Sie unter einigen Sträuchern Zwiebelgewächse pflanzen. Ein kleines Beet ist für Einjährige

reserviert, um einen Bereich zum Gärtnern zu haben und einen ständigen Wechsel der Farben erleben zu können.

LINKE SEITE: Säure liebende Pflanzen wie Rhododendron und Azalee in prächtigen Farben sind in Hochbeete mit spezieller Erde gepflanzt.

OBEN LINKS: Die gefüllten flammenroten Blüten des *Rhododendron simsii* eignen sich gut, um ein Beet mit Säure liebenden Arten farblich auffallender zu gestalten.

OBEN: In dieser silbrigen Komposition bilden stacheliger Wollziest und federartiger Beifuß einen Kontrast zu der gewölbten, weiß blühenden Strauchveronika.

TIPPS FÜR STRAUCHGÄRTEN

- Mähen Sie den Rasen ziemlich kurz und gleichmäßig, um eine Ebene und eine weiche Oberfläche zu erhalten.
- Präparieren Sie den Boden gut und kaufen Sie nur Qualitätspflanzen.
- Bringen Sie möglichst eine Bewässerungsanlage an, damit Sie beim häufigen Gießen in der Trockenzeit nicht über die Beete klettern müssen.
- Pflanzen Sie duftende Arten, um eine entspannte Stimmung zu schaffen.
- Schneiden Sie die Gehölze und entfernen Sie Welkes, wenn es nötig ist, um die Blütezeit zu verlängern und die Pflanzen in Form zu halten.
- Ziehen Sie Säure liebende Pflanzen innerhalb eines Hochbeetes in Töpfen mit dem jeweiligen Substrat, um ihr wachstum beschränken zu können.

DER STADTGARTEN

Klare Linien und auffallende Bereiche, Farbkontraste und Spiegelbilder: Das sind nur einige der Ideen, die bei der Gestaltung dieses gelungenen modernen Gartens umgesetzt wurden. Die gut durchdachte Planung steigert die Atmosphäre entspannter Regelmäßigkeit.

PFLANZSCHLÜSSEL

1 *Betula pendula* (Weißbirke)
2 *Hedera helix* ›Duckfoot‹ (Efeu)
3 *Juniperus squamata* ›Blue Star‹ (Schuppenwacholder)
4 *Glechoma hederacaea* ›Variegata‹ (Gundelrebe)
5 *Artemisia ludoviciana* (Weißer Beifuß)
6 *Hosta* ›Wide Brim‹ (Funkie)
7 *Galium odoratum* (Waldmeister)
8 *Thymus serpyllum* var. *coccineus* (Feldthymian)
9 *Bergenia* ›Wintermärchen‹ (Bergenie)
10 *Euonymus fortunei* ›Emerald 'n' Gold‹ (Kriechspindel)
11 *Viburnum tinus* (Immergrüner Schneeball)
12 *Pittosporum tenuifolium* ›Irene Paterson‹ (Klebsame)
13 *Clematis* ›Jackmanii‹
14 *Philadelphus* ›Dame Blanche‹ (Falscher Jasmin)
15 *Hedera helix* ›Buttercup‹ (Efeu)
16 *Hydrangea quercifolia* (Hortensie)
17 *Festuca glauca* ›Elijah Blue‹ (Blauschwingel)
18 *Helicotrichon sempervirens* (Blaustrahlhafer)
19 *Phormium* ›Sundowner‹ (Neuseeländer Flachs)
20 *Yucca gloriosa* ›Variegata‹ (Spanischer Dolch)
21 *Ligustrum ovalifolium* (Wintergrüner Liguster)
22 *Lonicera periclymenum* ›Belgica‹ (Waldgeißblatt)
23 *Cortaderia selloana* ›Pumila‹ (Pampasgras)
24 *Potentilla fruticosa* ›Manchu‹ (Fingerkraut)
25 *Tellima grandiflora* (Falsche Alraune)
26 *Hosta fortunei* var. *albopicta* (Graublattfunkie)
27 *Morus nigra* (Schwarzer Maulbeerbaum)
28 *Helleborus argutifolius* (Nieswurz)
29 *Hemerocallis* ›Pink Damask‹ (Taglilie)
30 *Viburnum carlesii* (Schneeball)
31 *Veronica spicata* (Ähriger Ehrenpreis)
32 *Digitalis purpurea* Excelsior-Gruppe (Purpurfingerhut)
33 *Pieris formosa* (Schattenglöckchen)
34 *Laurus nobilis* (Lorbeer)
35 *Garrya elliptica* ›James Roof‹
36 *Helleborus orientalis* (Frühlingsschneerosen)
37 *Hebe rakaiensis* (Strauchveronika)
38 *Robinia pseudoacacia* ›Frisia‹ (Falsche Akazie)
39 *Lavatera* ›Barnsley‹ (Buschmalve)
40 *Pyracantha atalantioides* ›Aurea‹, Syn. *P. gibbsii* ›Flava‹ (Feuerdorn)
41 *Sedum spectabile* ›Brillant‹ (Purpurfetthenne)
42 *Phyllostachys nigra* (Schwarzrohrbambus)
43 *Lonicera japonica* (Japanisches Geißblatt)
44 *Fuchsia* ›Tom Thumb‹ (Fuchsie)
45 *Verbascum* ›Helen Johnson‹ (Königskerze)
46 *Clematis macropetala* ›Markham's Pink‹ (Klematis)
47 *Wisteria sinensis* (Chinesische Glyzine)

48 *Hakonechloa macra* ›Aurola‹ (Japanisches Berggras)
49 *Agave americana* ›Variegata‹ (Amerikanische Agave)
50 *Imperata cylindrica* ›Rubra‹, Syn. *I. cylindrica* ›Red Baron‹ (Alang-Alang-Gras)
51 *Ruta graveolens* (Gemeine Raute)

52 *Clematis montana* var. *rubens* ›Elisabeth‹ (Bergwaldrebe)
53 *Skimmia japonica* (Skimmie)
54 *Lagurus ovatus* (Hasenschwanzgras)
55 *Syringa meyeri* var. *spontanea* ›Palibin‹ (Flieder)
56 *Jasminum officinale* ›Aureum‹ (Jasmin)

Strenge Linien, Symmetrie und Balance bestimmen diesen ungewöhnlichen Garten, der in seiner Längsrichtung in zwei runde, einander überlappende Rasenflächen geteilt ist.

Die strenge Gestaltung ist sehr individuell, Ausgewogenheit herrscht zwischen Bepflanzung und Raum sowie der Wirkung der gestalterischen Elemente. Aus einem ganz gewöhnlichen Stadtgarten wurde hier ein geheimnisvoller Bereich, der einlädt, ihn zu erkunden, und der ein Gefühl von Frieden und Harmonie vermittelt.

ELEMENTE

Drei verschiedene Materialien bilden den Bodenbelag: kleine Platten, Ziegelsteine und Kies. Der Kies bildet zwei farbige Streifen an den Seiten, abgeteilt durch eine Reihe weißer Ziegelsteine, die sich als Umrandung der runden Rasenflächen fortsetzt. Das üppige Grün des Rasens bildet einen Kontrast zu dem Kies, und die Rasenkreise heben sich auch durch den weißen Ziegelrand ab, der sie vollständig umgibt. Die Ziegelsteine bilden einen Weg, der auch von Kindern zum Rad fahren benutzt werden kann.

Der blassblaue Kies neben dem Hof kontrastiert mit dem tiefen Grau der Bodenplatten. Dasselbe Material in verschiedenen Farben zu benutzen ist ein guter Weg, einen Garten zu verändern, und kann verblüffend aussehen, besonders wenn das Ganze von Ziegelsteinen unterbrochen wird, die ihrerseits eine Farbe haben, die mit den beiden anderen kontrastiert. Die weißen Ziegel bilden hier eine strenge Grenzlinie und ergänzen das Blau, Creme und Grün von Kies und Rasen.

Neben den Pflanzen gibt es in diesem Garten nur wenig Dekoration. Die Kombination von klaren Linien und Raum wird bis zur hinteren Grundstücksgrenze beibehalten, die tief, dunkel und üppig ist und Sichtschutz bietet. Die weiße Mauer am Ende blitzt durch die Sträucher, was die Illusion hervorruft, der Garten setze sich dahinter fort. Ihr Weiß reflektiert die Sonne und lässt den Garten etwas kürzer erscheinen.

Der Zaun, von geraden Spalieren gekrönt und hauptsächlich mit Kletterpflanzen bewachsen, bietet zusätzlichen Sichtschutz.

Die von gestutzten Ligusterhecken eingerahmte Pergola ist erst ganz zu sehen, nachdem man den halben Garten durchquert hat; nur die Trittsteine sieht man schon vorher, die etwas erahnen lassen und eine Überraschung ankündigen. Außer der Statue ist die Pergola das einzige Element ohne Spiegelbild.

Die Gartenmöbel sind aus Chrom, was gut zu dem modernen Stil dieses Gartens passt und sowohl das Grau der Bodenplatten als auch das Material der Statue reflektiert.

Kühne Schlichtheit ist das Wesen dieses Gartens. Es gibt nur vier Gefäße, allerdings aus blauem Blei und damit sehr auffällig, in denen immergrüne Zierpflanzen wachsen.

PFLANZEN

Die Kiesfläche ist weitgehend unbepflanzt bis auf kühne Gräsergruppen und ein paar interessante Strukturpflanzen wie Neuseeländer Flachs (*Phormium* ›Sundowner‹) und Spanischer Dolch (*Yucca gloriosa* ›Variegata‹). Das Pflanzen der Grashorste in wechselnden Reihen mit den Sträuchern ergibt ein Muster, das Ordnung und Kühnheit verstärkt.

Geschickt platzierte Sträucher entlang der Seitenmauern betonen die wohlgeordnete Atmosphäre des Gartens, während ihre Naturbelassenheit das Formale kontert.

TIPPS FÜR STADTGÄRTEN

- Verwenden Sie eine Grasmischung von guter Qualität, damit der Rasen üppig und grün wird.

- Schneiden Sie Hecken oft und regelmäßig, damit sie dicht und buschig bleiben.

- Fegen und wenden Sie den Kies jedes Jahr und erneuern Sie ihn an verdreckten und bemoosten Stellen.

- Der Hof sollte nicht zu voll, der Boden rutschfest sein.

- Wählen Sie für Umrandung, Kiesflächen und Innenhof verschiedene Farben, um die Atmosphäre zu verändern.

Von jedem Element im Garten, abgesehen von der zentralen Statue, gibt es an anderer Stelle eine Art Spiegelbild, bei der kleinen Fontäne etwa in Form der anmutigen Weißbirke (*Betula pendula*) auf der Seite gegenüber dem Innenhof. Die drei Bäume in den äußeren Ecken spiegeln einander in Wuchs und Form, aber es handelt sich um verschiedene Arten, und so wird nichts exakt wiederholt.

Der Rasen verläuft nach hinten auf ein breites Beet mit Sträuchern und niedrigen, Schatten liebenden Pflanzen zu. Die runde Form des Rasens macht den Garten breiter, indem sie den Blick von der Längsachse weg in die Ecken lenkt. Das Auge wird auch zu der Eisenstatue am Ende des Rasens geführt, die ein ganz individuelles Element ist, das Sie in den Garten lockt. Auch ein raffinierter runder Rand, der außen für die Beete gelassen wurde, teilt die lange Form weiter ein. Harmonie und Ausgeglichenheit beherrschen diesen Garten, während die strengen Kurven eine scharfe Grenze bilden und eine allgemeine Atmosphäre entspannter Ordnung schaffen.

LINKE SEITE: Ziegel und Kies rahmen diesen Rasen ein, um Farb- und Strukturkontraste zu schaffen. Die halbrunde Bank ahmt seine Form nach.

OBEN LINKS: *Agava americana* ›Variegata‹ perfekt für den modernen Stadtgarten.

OBEN: Dieser kleine Brunnen in einer einfachen Schale steht zwischen Pflanzen mit hübsch kontrastierenden Blättern.

DER HALBFORMALE QUADRATISCHE GARTEN

Üppige Bepflanzung in Hochbeeten und Kübeln vor Mauern und an Spalieren kontrastieren die symmetrischen Elemente und quadratischen Bodenplatten, wobei in diesem kleinen Garten ein halb formales Design entsteht. Möbel aus Holzlatten steigern das Gefühl von entspannter Ordnung.

PFLANZSCHLÜSSEL

1   *Vitis davidii* (Rebe)
2   *Ceanothus* ›Burkwoodii‹ (Säckelblume)
3   *Viburnum plicatum* ›Pink Beauty‹ (Japanischer Schneeball)
4   *Sorbaria tomentosa* var. *angustifolia* (Fiederspiere)
5   *Veronica spicata* ›Barcarolle‹ (Ähriger Ehrenpreis)
6   *Narcissus* ›Portrush‹ (Narzisse)
7   *Phormium* ›Dazzler‹ (Neuseeländer Flachs)
8   *Agave americana* ›Marginata‹ (Amerikanische Agave)
9   *Lonicera fragrantissima* (Wohlriechende Heckenkirsche)
10 *Jasminum officinale* (Jasmin)
11 *Hebe cupressoides* (Strauchveronika)
12 *Mentha spicata*, Syn. *M. viridis* (Ährenminze)
13 *Vinca major* ›Reticulata‹ (Großes Immergrün)
14 *Phoenix roebelenii* (Zwergdattelpalme)
15 *Festuca glauca* ›Elijah Blue‹ (Blauschwingel)
16 *Linum flavum* ›Compactum‹ (Goldflachs)
17 *Narcissus* ›Suzy‹
18 *Melissa officinalis* (Zitronenmelisse)
19 *Verbascum olympicum* (Riesenkönigskerze)
20 *Phlomis fruticosa* (Brandkraut)
21 *Paeonia wittmanniana* (Pfingstrose)
22 *Narcissus* ›Ice Follies‹
23 *Magnolia sargentiana* (Magnolie)
24 *Liquidiamber orientalis* (Amberbaum)
25 *Tulipa urumiensis* (Tulpe)
26 *Narcissus* ›Yellow Cheerfulness‹
27 *Hemerocallis* ›Scarlock‹ (Taglilie)
28 *Rosmarinus officinalis* ›Benenden Blue‹ (Rosmarin)
29 *Bougainvillea* ›Dania‹
30 *Tulipa* ›Oxford‹
31 *Begonia* ›Pin-up‹ (Begonie)
32 *Petunia* Polo-Serie (Petunie)
33 *Sempervivum montanum* (Berghauswurz)
34 *Eremurus stenophyllus* (Steppenkerze)
35 *Veronica gentianoides* (Enzianblättrige Veronika)
36 *Agapanthus campanulatus* (Schmucklilie)
37 *Hebe* ›Simon Delaux‹ (Strauchveronika)
38 *Hedera helix* ›Adam‹ (Efeu)
39 *Hechtia glomerata*
40 *Heliotropium* ›Marine‹ (Heliotrop)
41 *Geranium erianthum* (Storchschnabel)
42 *Lobelia erinus* Kaskade-Serie (Männertreu)
43 *Lobelia erinus* ›Lilac Fountain‹
44 *Verbascum chaixii* ›Gainsborough‹ (Königskerze)
45 *Hosta* ›Antioch‹ (Funkie)
46 *Acer griseum* (Ahorn)
47 *Aristolochia littoralis*, Syn. *A. elegans* (Osterluzei)
48 *Fabiana imbricata* ›Prostata‹
49 *Papaver orientale* ›Mrs Perry‹ (Türkischer Mohn)
50 *Myrteola nummularia*

51 *Drimys lanceolata*
52 *Angelica archangelica* (Echte Engelwurz)
53 *Buglossoides purpurocaerulea*, Syn. *Lithospermum purpurocaeruleum*
54 *Euonymus fortunei* ›Minimus‹ (Kriechspindel)
55 *Euonymus fortunei* ›Emerald 'n' Gold‹ (Kriechspindel)

Der halbformale Charakter dieses Gartens beruht darauf, dass er um eine geometrische Form herum gestaltet wurde und alle Bodenplatten sowie die Hochbeete symmetrisch sind. Die Stühle, die diagonal platziert wurden, um die Mittellinie zu betonen, und die Pflanzen auf beiden Seiten des Sitzplatzes stellen im Garten ein Gleichgewicht her. Die anderen Ecken werden durch Kübelpflanzen abgerundet, so dass die Anlage formal und doch nicht ganz formal erscheint.

Jede verfügbare Fläche ist bepflanzt, und es gibt sogar Spaliere an den Mauern, so dass Pflanzen jeden Bereich weicher gestalten

können. Durch Hochbeete von verschiedenen Größen und Tiefen entstehen unterschiedliche Ebenen, die auf dieser kleinen Fläche einer Riesenauswahl an Pflanzen Platz bieten. Die tiefen Beete im hinteren Teil des Gartens und an den Seiten ermöglichen den Einsatz von großen Sträuchern und Pflanzen, um ein Gefühl der Privatsphäre zu vermitteln.

In diesem Garten gibt es kein dominierendes Element. Vielmehr wird der Blick auf alle Bereiche gelenkt, und ganz unterschiedliche Details locken die Besucher in alle Richtungen.

ELEMENTE

Die einheitlichen, cremefarbenen Steinplatten bilden einen hellen, luftigen Hauptbereich, ihre quadratische Form betont dezent den Umriss der Grundfläche. Sie reflektieren das Licht und vermitteln ein Gefühl von Weite.

Das Mattglas-Fenster rechts bietet Schutz, verdeckt einen hässlichen Anblick und betont die Grenze, ohne den Hof aber zu schattig zu machen. Auf der Höhe des Fensterbrettes sind Blumenkästen angebracht. Eine dauerhafte Struktur ist in diesem kleinen Garten nicht praktikabel, mit Ausnahme eines kleinen

Baumes, der genügend Schatten wirft. Sogar auf der Mauer stehen für mehr Sichtschutz und Vielfalt Töpfe mit interessanten, bunten Pflanzen, die den Blick nach oben lenken.

Die weiß lackierten, einheitlichen Möbel sind so platziert, dass der einladende Tisch und

die Bank dem Eingang gegenüberstehen und die Gäste in den Garten locken, wobei der Eindruck eines zusätzlichen Raumes entsteht.

PFLANZEN

Pflanzen bedecken jede Mauer, verbinden Garten und Haus und locken Sie, alles zu entdecken. Am Eingang verdecken große Kübelpflanzen einen Teil des Gartens.

Die beiden Bäume, Weißbirke (*Betula pendula*) und Ahorn (*Acer griseum*), mit der gleichen Wuchsform und Wachstumsperiode ergänzen sich gut, obwohl sie nicht verwandt sind. Überall quellen Pflanzen hervor, und Topfpflanzen sind wie zufällig verteilt, um das Strenge auszugleichen. So entsteht ein hübscher kleiner, halb formaler Garten mit geordneter, aber entspannter Atmosphäre.

Form und Wuchs der Pflanzen sind verschieden; die Farbenvielfalt schafft ein ständig variierendes Gemälde und führt jeden Bereich auf eine andere Art durchs Jahr. Einige ungewöhnliche und auffallende Pflanzen wie die Zwergdattelpalme (*Phoenix roebelenii*) eignen sich besonders für diese halb formale Gestaltung. Gewächse mit spitzen Formen wie Neuseeländer Flachs (*Phormium* ›Dazzler‹) und Amerikanische Agave (*Agave americana* ›Marginata‹) kontrastieren mit ihren bunten, wei-

cheren Nachbarn, Blauschwingel (*Festuca glauca* ›Elijah Blue‹) bringt einen Hauch von Eleganz in den schattigeren Bereich.

Die Blüten sind weitgehend in blassen Tönen gehalten, was Weite vermittelt, aber es gibt auch leuchtende, kontrastierende Farbtupfer sowie eine oder zwei Pflanzen, die in den Mittelpunkt rücken, um Aufmerksamkeit zu erregen und reizvolle Gegensätze zu bilden. An Sommertagen schwängern verschiedene duftende Kletterpflanzen die Luft in diesem abgeschiedenen Garten mit ihren Düften.

Das Laub einer Weinrebe (*Vitis davidii*) an einem Spalier an der Hauswand macht das Ziegelwerk weicher, und später im Jahr wachsen hier köstliche Trauben. Vor dem Fenster ist wenig gepflanzt, um viel Licht durchzulassen, wobei gesprenkelte Schatten entstehen.

Die Kübel mit verschiedenen Pflanzen, von leuchtenden Einjährigen bis zu einzelnen formalen Gewächsen, können in Gruppen aufgestellt oder verteilt werden, um für Veränderung zu sorgen. Die majestätisch erhabenen Ähren von Steppenkerze (*Eremurus stenophyllus*) und Königskerze (*Verbascum chaixii* ›Gainsborough‹), kombiniert mit kriechenden Immergrünen, Blumen und Sträuchern, bringen etwas Unordnung und gleichzeitig Harmonie in die Beete und stehen in herrlichem Kontrast zu den strengen Bodenplatten.

TIPPS FÜR HALBFORMALE GÄRTEN

- Wählen Sie ungewöhnliche Pflanzen, die auffallen.
- Eine Gruppe von Kübelpflanzen kann genauso eindrucksvoll sein wie ein Blumenbeet und lässt sich umstellen, wenn Sie eine Veränderung wünschen.
- Möbel aus Holz sehen einladender aus als solche aus Kunststoff.
- Bis die eigentlichen Pflanzen eingewachsen sind, können Einjährige wie Duftwicken (*Lathyrus odoratus*) in Gefäßen für Farbe und Duft sorgen.
- Verwenden Sie Materialien wie kleine, bunte Ziegelsteine, um erhöhte Mauern zu bauen, damit ein Kontrast zum Bodenbelag entsteht.

LINKE SEITE: In diesem halb formalen Garten umgeben farbenfroh bepflanzte Kübel die schlichten Holzmöbel und quadratischen Bodenplatten.

OBEN LINKS: Einjährige, wie z. B. an Pelargonien hochkletternde Duftwicken (*Lathyrus odoratus*) in Kübeln, können Höhe und Farbe in den Garten bringen, bis die dauerhaften Pflanzen ausgewachsen sind.

DER NATÜRLICHE RECHTECKIGE GARTEN

Weiche Pflanzen in Rabatten, Hochbeeten und Kübeln kaschieren die rechteckige Form, so dass ein ganz natürliches Bild entsteht. Die Möbel im Hof spiegeln das Design der Bank wider, die als Blickfang am Ende des Rasens steht.

PFLANZSCHLÜSSEL

1 *Wisteria sinensis* (Chinesische Glyzine)
2 *Campanula medium* ›Bells of Holland‹ (Marienglockenblume)
3 *Begonia* ›Olympia White‹ (Begonie)
4 *Thymus pulegioides* ›Aureus‹, Syn. *T.* x *citriodorus* ›Aureus‹ (Zitronenthymian)
5 *Laurus nobilis* (Lorbeer)
6 *Phormium tenax* ›Variegatum‹ (Neuseeländer Flachs)
7 *Brassica oleracea* Osaka-Serie (Zierkohl)
8 *Fascicularia bicolor*, Syn. *F. pitcairniifolia*
9 *Eryngium variifolium* (Edeldistel)
10 *Lavatera thuringiaca* (Buschmalve)
11 *Delphinium* ›Rosemary Brock‹ (Rittersporn)
12 *Erythronium* ›Pagoda‹ (Hundszahn)
13 *Phormium* ›Sundowner‹ (Neuseeländer Flachs)
14 *Discocactus horstii*
15 *Woodsia polystichoides* (Fernost-Wimperfarn)
16 *Pittosporum tenuifolium* ›Deborah‹ (Klebsame)
17 *Phlox paniculata* ›Balmoral‹ (Gartenphlox)
18 *Desmodium yunnanense*, Syn. *D. praestans*
19 *Photinia* x *fraseri* ›Birmingham‹ (Glanzmispel)
20 *Deutzia gracilis* (Deutzie)
21 *Magnolia* x *soulangeana* ›Lennei‹ (Tulpenmagnolie)
22 *Rosa* ›Crimson Shower‹ (Rose)
23 *Pieris floribunda* (Schattenglöckchen)
24 *Rosa* ›Conservation‹, Syn. *R.* ›Cocdimple‹
25 *Rosmarinus officinalis* (Rosmarin)
26 *Hydrangea macrophylla* ›Altona‹ (Hortensie)
27 *Philadelphus* ›Belle Etoile‹ (Falscher Jasmin)
28 *Sedum spectabile* ›Brillant‹ (Purpurfetthenne)
29 *Senecio vira-vira*, Syn. *S. leucostachys* (Kreuzkraut)
30 *Saponaria* ›Bressingham‹ (Seifenkraut)
31 *Ligularia przewalskii*, Syn. *Senecio przewalskii* (Bandblume)
32 *Hemerocallis* ›Tonia Gay‹ (Taglilie)
33 *Daphne odora* (Seidelbast)
34 *Ficus deltoidea* (Mistelfeige)
35 *Phillyrea latifolia* (Breitblättrige Steinlinde)
36 *Clematis* ›Nelly Moser‹
37 *Crocus* und *Narcissus*, Frühjahrszwiebeln, die in die vorderen Bereiche der Beete gepflanzt wurden

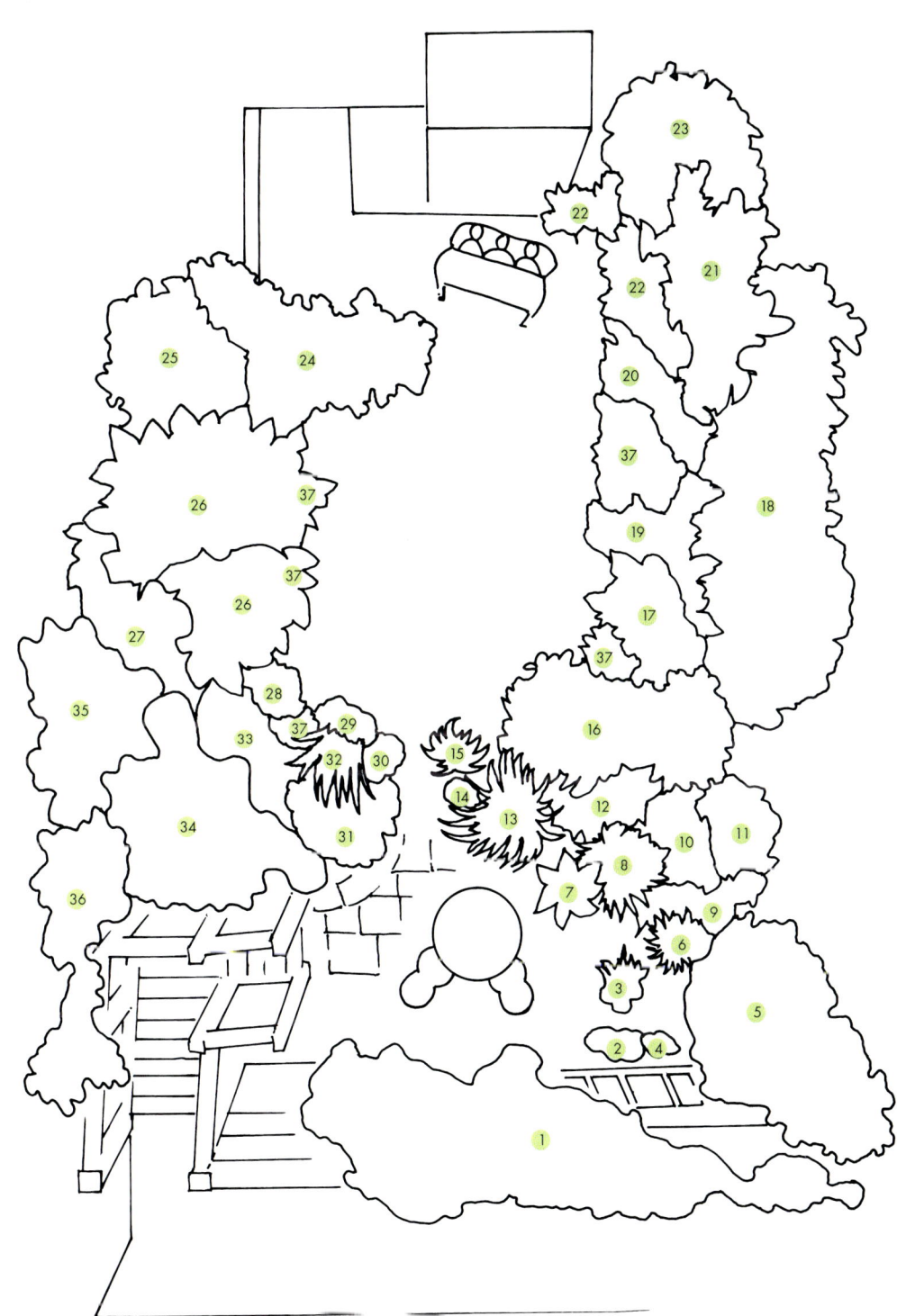

Rasen, der dahinter breiter wird, und machen ihn zu einem abgetrennten Bereich. Diese Teilung durch die Hochbeete, in denen sich die Bepflanzung bis ans Haus fortsetzen lässt, rundet die flache, eckige Linie des Gartens ab. Das halbrunde, erhöhte Beet unter dem Fenster vervollständigt die Verbindung zwischen Garten und Haus und rückt die Pflanzen vom Innenhof gesehen in Augenhöhe. Die wie zufällig wirkende Verteilung der Kübelpflanzen sieht sehr natürlich aus, und die Töpfe auf den Stufen schaffen eine weitere Verbindung zwischen den beiden Bereichen.

Die Stufen bestehen aus dem gleichen Material wie die Einfassung des Rasens. Die Bodenplatten sind in Weiß- und Grautönen gehalten, was dem Garten zusätzlich eine luftige Atmosphäre verleiht. Auch die Möbel und das Geländer bei den Stufen sind weiß. So ergänzen sie den grauen Boden und bringen ebenfalls Leichtigkeit in den Garten.

Der kleine Schuppen ist bald völlig von Blättern und Blüten einer Kletterrose bedeckt. Für mehr dauerhaften Sichtschutz kann man auch ein Spalier davor aufstellen.

PFLANZEN

In Rabatten und Hochbeeten wachsen weiche, hübsche Pflanzen mit ausgedehnten Blühzeiten, damit der Garten lange schön aussieht. Kleine Sträucher und Pflanzen mit leuchtend bunten Blüten zwischen den größeren sommer- und immergrünen Gewächsen sorgen vor einem dauerhaft grünen Hintergrund für ständigen Wechsel. Gemischte Bepflanzungen bieten immer viele interessante Merkmale für das ganze Jahr, und jede Pflanze in diesem kleinen Garten rechtfertigt ihr Dasein durch eine besondere Eigenschaft oder eine besonders lange Blühperiode.

Bei den Pflanzen überwiegen rundliche Formen – wie die runden, weichen Dolden der Hortensie (*Hydrangea macrophylla* ›Altona‹) – ihr Wuchs ist alles andere als formal.

Der gut gepflegte Rasen bildet den perfekten Kontrast zu den leuchtenden, farben-

---

Die rechteckige Form des Gartens wird durch die Auswahl der Steinplatten, Ziegel, Stufen und Muster verstärkt, von zahlreichen, über den Rasen hängenden Pflanzen aber wieder kaschiert, und die geraden Linien verschwinden. Sträucher und Hochbeete mildern harte Winkel, und geschwungene Formen und hübsche Elemente lenken vom eigentlichen Umriss ab. Das etwas unordentliche, kriechende Aussehen zahlreicher Sträucher verleiht dem Garten eine Atmosphäre spielerischer Natürlichkeit. Die Grundform der Fläche bleibt erhalten, während alle Kanten und Ecken durch einen geschickten Entwurf und sorgfältig ausgewählte Pflanzen verborgen werden, so dass ein erstaunlich schöner und freundlicher Garten entsteht.

ELEMENTE

Die Markise über dem Hof bietet Schatten und ist selbst ein farbenfrohes Element. Die schmiedeeisernen Gartenmöbel sind weiß wie die hübsche, verzierte Bank am Ende des Rasens. Sie ist das zentrale Element, das den Blick auf den Garten zieht und von den Nachbargebäuden ablenkt. Sie steht so, dass sie Sonne bekommt und man von ihr die schönste Aussicht auf den Garten genießen kann. Die Rabatten rund herum sind sehr tief, um ein Gefühl der Abgeschiedenheit zu vermitteln und Sichtschutz zu bieten.

Halbrunde Hochbeete umgeben die Stufen, die vom Innenhof zum Rasen hinunter führen. Sie begrenzen den Übergang zum

frohen, runden Formen der Pflanzen in den Rabatten, die ihrerseits in entspanntem Gegensatz zu den geraden Linien des Gartens stehen und jeden Eindruck von Strenge verhindern.

Der Innenhof benötigt lediglich ein paar Pflanzen, z. B. Einjährige oder Solitärpflanzen in bunten Gefäßen, die man immer wieder umstellen kann. Zimmerpflanzen wie Kakteen können im Sommer draußen stehen, vorausgesetzt, sie werden so platziert, dass ihre Stacheln keine Probleme verursachen. Die Überdachung, die am Haus vorsteht und an der Kletterpflanzen ranken, schafft eine café-artige Atmosphäre und ist ein idealer schattiger Platz zum Essen. Feine, zierliche Pflanzen, die in den großen Beeten kaum zu sehen wären, wachsen in dem halbrunden Hochbeet, wo ihnen jede Aufmerksamkeit sicher ist. Hier könnten auch sehr gut Kräuter für die Küche wachsen und ihren Duft im Hof verströmen.

Die vorderen Bereiche der Beete sind mit Stauden und Frühjahrszwiebeln bestückt, die von Vorfrühling bis Spätherbst Farbe in den Garten bringen.

Wenn die Mauern mit Pflanzen bewachsen sind, lassen sich Größe und Form des Gartens nicht mehr genau erkennen und er scheint keine klaren Grenzen zu besitzen. Das gibt der Fantasie die Möglichkeit, sich einen unendlichen Bereich vorzustellen. Das

ist zwar Illusion, aber sehr wirkungsvoll, und der Eindruck von Raum wird durch die große Vielfalt an Kletterpflanzen, die die Mauern mit ihrem Laub und ihren Blüten bedecken, noch verstärkt. Die rankenden Gewächse bilden einen grünen Hintergrund, der natürlich wirkt und für Abgeschiedenheit sorgt.

Wenn auch die Bepflanzung rund um die Rasenfläche auf die vergleichsweise schmalen Beete beschränkt ist, die die lineare Form hervorzuheben scheinen, gleichen die beiden rundlichen Beete und die weiche Pflanzung die formale Atmosphäre doch sehr wirkungsvoll aus.

LINKE SEITE: Die klaren Linien der Rasenfläche und die Stufen betonen die Form und Länge dieses natürlich bepflanzten Gartens.

OBEN LINKS: Kletterpflanzen wie diese von Geißblatt umrankte *Clematis* ›Dawn‹ können die Grenzmauern eines Gartens verschwinden lassen.

OBEN: Eine dekorative weiße schmiedeeiserne Bank dient als Blickfang, der das Auge in die gewünschte Richtung lenkt – vielleicht um ihn von einer unansehnlichen Stelle wegzuführen oder eine besondere Aussicht zu betonen.

TIPPS FÜR NATÜRLICHE GÄRTEN

- Ein streng geometrischer Bodenbelag kann durch eine überhängende, natürliche Bepflanzung weicher gestaltet werden.
- Achten Sie in kleinen Gärten darauf, dass jede Pflanze oder jedes Element seinen Platz verdient und lange Zeit einen interessanten Anblick bietet.
- Helle Materialien schaffen den Eindruck von Leichtigkeit und Weite.
- Pflanzen mit farbenfrohen Blüten halten das Interesse im Garten und verhindern, dass der Blick auf unattraktivere Elemente dahinter wandert.
- Bringen Sie eine Mulchschicht gegen das Unkraut aus, so dass die Pflanzen rasch anwachsen und den gewünschten Garten entstehen lassen.

DER L-FÖRMIGE GARTEN

Die schwierige Form dieses Gartens wird durch geschickte Gestaltung, die sowohl die Linien des »L«
weicher macht als auch die beiden Bereiche verbindet und so den Betrachter zu weiteren Entdeckungen einlädt,
zum Vorteil. Die Bepflanzung ergänzt die schlichten Materialien, die für den Bodenbelag verwendet wurden.

PFLANZSCHLÜSSEL

1   *Hedera helix* ›Buttercup‹ (Efeu)
2   *Hibiscus syriacus* ›Oiseau Bleu‹, Syn. *H. syriacus*
    ›Bluebird‹ (Roseneibisch)
3   *Verbena rigida* ›Polaris‹ (Eisenkraut)
4   *Hydrangea quercifolia* ›Snow Flake‹, Syn.
    H. quercifolia ›Flore Pleno‹ (Hortensie)
5   *Hosta fortunei* var. *albopicta*, Syn. *H.* ›Aureomaculata‹
    (Graublattfunkie)
6   *Eucalyptus delegatensis* (Eukalyptus)
7   *Cornus alba* ›Elegantissima‹ (Tatarischer
    Hartriegel)
8   *Salvia officinalis* ›Kew Gold‹ (Gartensalbei)
9   *Mahonia aquifolium* ›Orange Flame‹
    (Gewöhnliche Mahonie)
10 *Escallonia* ›Langlyensis‹
11 *Lupinus arboreus* ›Snow Queen‹ (Baumlupine)
12 *Fraxinus ornus* (Manna-Esche)
13 *Deutzia* x *hybrida* ›Mont Rose‹ (Deutzie)
14 *Daphne mezereum* (Seidelbast)
15 *Mentha suaveolens*, Syn. *M. rotundifolia*
    (Rundblättrige Minze)
16 *Philadelphus* ›Belle Etoile‹ (Falscher Jasmin)
17 *Davidia involucrata* (Taubenbaum)
18 *Mentha requienii*, Syn. *M. corsica* (Korsische
    Minze)
19 *Molinia careulea* ssp. *arundinacea* ›Karl Förster‹
    (Pfeifengras)
20 *Tulipa* ›Dreaming Maid‹ (Tulpe)
21 *Malus* ›Candied Apple‹, Syn. *M.* ›Weeping
    Candied Apple‹ (Apfel)
22 *Fritillaria meleagris* (Schachbrettblume)
23 *Prunus* ›Hally Jolivette‹
24 *Dryopteris filix-mas* ›Barnesii‹ (Gemeiner
    Wurmfarn)
25 *Cotoneaster lacteus* (Zwergmispel)
26 *Scrophularia auriculata* ›Variegata‹, Syn. *S. nidosa*
    var. *variegata* (Braunwurz)
27 *Hebe* ›Autumn Gold‹ (Strauchveronika)
28 *Santolina pinnata*, Syn. *S. chamaecyparissus*
    ssp. *tomentosa* (Heiligenkraut)
29 *Hemerocallis* ›Apple Tart‹ (Taglilie)
30 *Heliotropium* ›Marina‹ (Heliotrop)
31 *Veronica longifolia* ›Blauriesin‹ (Kerzenveronika)
32 *Fargesia murieliae*, Syn. *Sinarundinaria murieliae*
    (Immergrüner Schirmbambus)
33 *Phormium* ›Maori Sunrise‹, Syn. *P. tenax* ›Rainbow
    Sunrise‹ (Neuseeländer Flachs)
34 gemischte Narzissen
35 gemischte Krokusse

34 und 35 Unterpflanzung von Beeten als Farbtupfer
im Frühling in der Nähe des Hauses

Obwohl dieser Garten eine strenge L-Form hat, ist der Hauptbereich im Innern kurvenförmig gestaltet, um den eckigen Eindruck zu mildern. Der gewagte lineare Entwurf umfasst beide Teile des Gartens, und die Auswahl des gleichen Bodenmaterials für beide Bereiche verbindet sie zu einer Einheit.

Das Design beruht darauf, dass die Veränderung der Ebene als natürliche Teilung genutzt wird. Die pflegeleichten Sträucher und Gewächse im unteren Bereich bringen Farbe und Struktur, der obere Teil bildet einen abgeschiedenen, hübschen Sitzplatz. Ein strenges, auffälliges Muster weißer, von kleinen roten Ziegelsteinen eingefasster Quadrate bildet die charakteristische Oberfläche beider Teile des Gartens. Die geometrischen Linien dieses Bodens, gemildert durch eine üppige Vielfalt an Pflanzen, sind die ideale Lösung für diesen L-förmigen Garten und machen ihn einladend und interessant.

ELEMENTE

Der Garten besteht zwar weitgehend aus Quadraten und Rechtecken, aber Pflanzen, die darüber und um sie herum wachsen, runden die strengen Kanten ab.

Die Materialien kontrastieren stark, und weil der Boden so verwirrend ist, wurde von mehr Oberflächengestaltung abgesehen. Die hohen Mauern, die Wind- und Sichtschutz bieten, sind weiß gestrichen, um das Laub zu betonen und das Licht zu reflektieren. Das Grau der Stufen zwischen den Ebenen komplettiert den Übergang von oben nach unten.

Das Licht ist in diesem Garten optimal genutzt, im Hauptbereich wird die Sonne stark reflektiert, was in schönem Kontrast zu der kühlen, schattigen Ecke mit *Escallonia* ›Langleyensis‹, Manna-Esche (*Fraxinus ornus*) und *Deutzia* x *hybrida* ›Mont Rose‹ sowie zu dem Grün der Sträucher steht. Eine abgelegene Ecke ist dicht mit hohen Sträuchern bepflanzt, um Sichtschutz und Schatten zu bilden. Der weiße Boden reflektiert das Licht und lässt den Garten geräumig und luftig wirken.

PFLANZEN

Die Mauern sind vollständig bewachsen, was die schwierige Form des Grundstücks gut kaschiert, dennoch verfügt der Garten über einen verborgenen Bereich voller Überraschungen. Die Bepflanzung ist weitgehend auf den Rand beschränkt, aber durch die Vielfalt in den breiten Beeten sowie durch Bambus, dessen elegante, schmale und hohe Form die Mauern auflöst, entsteht ein interessanter Anblick.

Die L-Form ist ideal, um Überraschendes zu gestalten, und die kleinen Bäume und die Farne im Hochbeet hinter dem Sitzbereich bieten hier ein lohnendes Ziel. Vom Haus aus erhascht man gerade noch einen Blick auf Tisch und Stühle, was die Illusion von Weite schafft und die Existenz eines weiteren Bereichs im Garten ankündigt.

Zwar besteht der Boden nur aus wenigen Materialien und Strukturen, bei den Pflanzen jedoch herrscht Vielfalt. Von den blaugrauen

ovalen Eukalyptusblättern (*Eucalyptus delegatensis*) über die hohe, steife Taglilie (*Hemerocallis ›Sugar Cookie‹*) und die Grazie des Immergrünen Schirmbambus (*Fargesia murieliae*) bis zur feinen Eleganz der Farne herrscht überall eine herrliche, interessante Mischung von Formen, Farben und Strukturen. Wer braucht abwechslungreiche Materialien, wenn Pflanzen so viel Aufregendes zu bieten haben?

In den durch die Stufen erhöhten Beeten lässt sich die Bepflanzung problemlos in die höhere Ebene verlegen, so dass der Blick von einem Bereich zum anderen schweifen kann. Die unbepflanzte Urne auf der Mauer ist ein reizvoller Blickfang auf halbem Weg.

Im oberen Bereich wachsen einige duftende Pflanzen, die für Aroma und eine entspannte Stimmung sorgen. Im Frühling und Sommer blühende Zwiebelpflanzen bringen über lange Zeit Farbe in verschiedene Bereiche, damit der Garten immer interessant bleibt.

Die kleinen Bäume, Farne und die erhöhten Seitenbeete in diesem Teil des Gartens stehen im Gegensatz zu der weniger organisierten Bepflanzung im anderen Teil. Durch diese verschiedenartige Pflanzung in den beiden Abschnitten der Fläche wird zwischen ihnen klar unterschieden, dennoch bilden sie durch den Bodenbelag eine Einheit.

Es ist wichtig, an dem Punkt, an dem die beiden Teile des Gartens zusammenstoßen, starke gestalterische Elemente einzusetzen.

In diesem Fall laden dicht gepflanzte Sträucher zu einem Spaziergang bis zum Ende des Gartens ein, um auch den Rest zu sehen, und der Tauben- oder Taschentuchbaum (*Davidia involucrata*) mit seinen erstaunlichen Blüten im Frühjahr zieht in der Tat alle Blicke auf sich. Die ungleichmäßigen Hochblätter, die wie Hunderte von winzigen Taschentüchern aussehen, bilden einen herrlichen Kontrast zu dem hellgrünen Laub und stehen immer im Mittelpunkt.

LINKE SEITE: Von der Treppe aus kann man schon von oben einen Blick auf die Schönheiten des Gartens werfen.

OBEN: Die hellen, mit dunklen Ziegelsteinen eingefassten Quadrate sind ein kraftvolles Gestaltungselement.

OBEN RECHTS: Die Hochblätter der *Davidia involucrata* sind im Spätfrühling besonders schön.

TIPPS FÜR L-FÖRMIGE GÄRTEN

- Gestalten Sie aus den beiden Teilen der L-Form nicht zwei getrennte Bereiche; es ist wirkungsvoller, beide Flächen miteinander zu verbinden.

- Ein allein stehender Strauch oder eine kleine Statue in der Ecke des L zieht den Blick auf sich und lädt zur Erkundung des zweiten Teiles ein.

- Hat der Garten einen Rasen, kann ein kleiner Pfad rund um die ganze Fläche den Zugang zu beiden Teilen ermöglichen.

- Gärten mit vielen Winkeln wirken oft kleiner als sie sind, wählen Sie daher kleine, hübsche Elemente aus, um den Bereich nicht zu überladen.

DER ECKGARTEN

Der Entwurf für diesen Eckgarten nutzt das Überraschungselement, das durch die zwei Teile entsteht, als Vorteil, während sie gleichzeitig zu einem einheitlichen Ganzen verknüpft werden. Der Mittelpunkt ist der verwinkelte Innenhof, weitere Elemente und üppige Pflanzen tragen dazu bei, dass der Garten sehr freundlich wird.

PFLANZSCHLÜSSEL

1 *Rosa* ›Salet‹ (Rose)
2 *Rosa* ›Bride‹ (Rose)
3 *Rosa* ›Paul Shirville‹ (Rose)
4 *Rosa* ›Whisky Mac‹ (Rose)
5 *Rosa* ›Golden Shower‹ (Rose)
6 *Buxus microphylla* (Buchsbaum)
7 *Rheum palmatum* (Medizinalrhabarber)
8 *Philadelphus* ›Dame Blanche‹ (Falscher Jasmin)
9 *Aucuba japonica* f. *longifolia* ›Salicifolia‹ (Aukube)
10 *Helictrotrichon sempervirens* (Blaustrahlhafer)
11 *Platycodon grandiflorus* (Ballonglockenblume)
12 *Meconopsis betonicifolia* (Tibet-Scheinmohn)
13 *Bellis perennis* ›Pomponette‹ (Tausendschön)
14 *Rudbeckia hirta* (Sonnenhut)
15 *Clematis* ›Miss Bateman‹
16 *Centaurea cyanus* (Kornblume)
17 *Calendula officinalis* (Ringelblume)
18 *Lavandula angustifolia* ›Hidecote‹ (Lavendel)
19 *Echinops* ›Veitch's Blue‹ (Kugeldistel)
20 *Rosa* ›Irish Eyes‹ (Rose)
21 *Rosa* ›Atlantic Star‹ (Rose)
22 *Jasminum officinale* (Jasmin)
23 *Bergenia* ›Morgenröte‹ (Bergenie)
24 *Campanula glomerata* ›Superba‹ (Knäuelglockenblume)
25 *Eryngium gignateum* (Elfenbeindistel)
26 *Campanula lactiflora* (Riesenglockenblume)
27 *Ligularia przewalskii* (Bandblume)
28 *Rheum palmatum* (Medizinalrhabarber)
29 *Acer griseum* (Ahorn)
30 *Lonicera fragrantissima* (Wohlriechende Heckenkirsche)
31 *Hosta sieboldiana* (Blaublattfunkie)
32 *Dryopteris filix-mas* (Gemeiner Wurmfarn)
33 *Verbascum chaixii* ›Gainsborough‹ (Königskerze)
34 *Mentha spicata* (Ährenminze)
35 *Sedum spectabile* (Purpurfetthenne)
36 *Consolida ajacis*, Syn. *Delphinium ajacis* (Hyazinthenrittersporn)
37 *Delphinium* ›Mighty Atom‹ (Rittersporn)
38 *Digitalis purpurea* (Purpurfingerhut)
39 *Malus* x *schiedeckeri* ›Red Jade‹ (Zierapfel)
40 *Helleborus orientalis* (Frühlingsschneerosen)
41 *Buddleja davidii* (Schmetterlingsstrauch)
42 *Clematis* ›Trianon‹
43 *Gladiolus* ›Columbine‹ (Gladiole)
44 *Tropaeolum* ›Peach Melba‹ (Kapuzinerkresse)
45 *Veronica spicata* (Ähriger Ehrenpreis)
46 *Lupinus arboreus* (Baumlupine)
47 *Hedera colchica* (Kaukasischer Efeu)
48 *Magnolia stellata* ›Waterllly‹ (Sternmagnolie)
49 *Papaver orientale* (Türkischer Mohn)
50 *Dianthus barbatus* (Bartnelke)
51 *Oenothera biennis* (Gemeine Nachtkerze)
52 *Eremurus stenophyllus* (Steppenkerze)
53 *Hydrangea anomala* ssp. *petiolaris* (Kletterhortensie)
54 *Phlox paniculata* ›Sandringham‹ (Gartenphlox)
55 *Astilbe* ›Peach Blossom‹ (Prachtspiere)
56 *Artemisia absinthum* (Wermut)
57 *Philadelphus* ›Belle Etoile‹ (Falscher Jasmin)
58 *Aruncus dioicus* (Geißbart)
59 *Eucalyptus pauciflora* ssp. *niphophila*
60 *Ilex* x *altaclerensis* ›Golden King‹ (Stechpalme)
61 *Nepeta sibirica* (Katzenminze)
62 *Clematis* ›Jackmanii‹
63 *Gentiana sino-ornata* (Herbstenzian)
64 *Campsis radicans* (Jasmintrompete)
65 *Veronica gentianoides* (Enzianblättrige Veronika)
66 *Tagetes* ›Disco Golden Yellow‹
67 *Stachys byzantina* (Wollziest)
68 *Phlox paniculata* ›Orange Perfection‹ (Gartenphlox)
69 *Jasminum nudiflorum* (Winterjasmin)
70 *Kniphofia* ›Little Maid‹ (Fackellilie)
71 *Geranium dalmaticum* (Dalmatiner Storchschnabel)
72 *Dianthus* ›Pike's Pink‹ (Nelke)
73 *Thymus vulgaris* (Gartenthymian)
74 *Helianthemum* ›Bride‹ (Sonnenröschen)
75 *Aubrieta* ›Bressingham Pink‹ (Blaukissen)
76 *Saxifraga* ›Tumbling Waters‹ (Steinbrech)
77 *Lychnis alpina* (Alpenpechnelke)
78 *Nympaea odorata*, Syn. *N.* ›Odorata alba‹ (Seerose)
79 *Myriophyllum aquaticum* (Papageienfeder)
80 *Stratiotes aloides* (Krebsschere)

Eckgrundstücke sind eine Herausforderung, weil sie im Allgemeinen viel Platz bieten, aber eine breite Krümmung haben. Das Problem ist, beide Bereiche des Gartens zu kombinieren und eine Einheit zu schaffen.

Der Platz wird hier vielseitig genutzt. Man findet Überraschungen wie die Bank in den Rabatten und die Statue, und im Rosengarten spürt man einen Hauch von Formalität. Das kontrastiert mit der Rasenfläche, die sich majestätisch um das Haus ausbrei-

tet, das wiederum dem winkeligen Innenhof und den Hochbeeten, den zarten Reflexen des Wassers und den hübschen Steingartenpflanzen entgegen wirkt. An diesem Garten, der genug Platz zum Sitzen, Essen, Spielen und Entspannen hat, hat jeder Freude.

ELEMENTE

Der Rasen, der sich schwungvoll ausdehnt, verbindet die beiden Bereiche, und in jedem

erkennt man deutlich, dass er sich in dem anderen fortsetzt. Der schräg zum Haus angelegte Hof ist der zentrale Punkt des ganzen Gartens. Er bildet die diagonale Achse, die die beiden Bereiche wirkungsvoll verbindet. Da er ständig im Blickfeld ist, sind hier große Bodenplatten verlegt. Sie ragen weit in den Rasen hinein, so dass ein auffallender Kontrast zur Mitte des Gartens entsteht.

Jeder Teil dieses Gartens hat seinen eigenen Charakter, und die Aufmerksamkeit wird mit verschiedenen Mitteln geschickt auf jedes Teil gelenkt. Im Rosengarten bietet ein Pavillon einen formal gestalteten, ruhigen und friedlichen Aufenthaltsort. Der erhöhte Steingarten rückt die Pflanzen in Augenhöhe und lässt das Auge wandern und einen Blick auf die hinteren Blumenbeete erhaschen.

Die geschwungene Weitläufigkeit des Rasens nutzt die große Fläche, um die Aufmerksamkeit von den scharfen Winkeln des Grundstückes auf die Beete zu lenken, in denen duftende und bunte Pflanzen wachsen, die Leben und Wärme in den Garten bringen.

Eine Überraschung bietet die versteckte dekorative Bank, auf der man sitzen und den Blick genießen kann. Weite und Raum bestimmen den Eindruck der Anlage. Der Rasen bleibt bewusst ohne dekorative Elemente, da es ringsum genug Interessantes gibt und sein geschwungener Verlauf ganz entscheidend für die Einheit der beiden Bereiche ist.

Die Statue in der Ecke zieht das Auge auf sich.

Obwohl das Becken und die Steingarten-Beete rechteckig sind, stehen sie schräg zum Garten, so dass sie sich gegenseitig spiegeln

TIPPS FÜR ECKGÄRTEN

- Dekorative Elemente mitten auf dem Rasen bewirken, dass der Garten scheinbar in zwei Bereiche geteilt wird.

- Statt kleiner Bäume können auch Statuen als Blickfang in entfernteren Beeten dienen.

- Verstecken Sie die Grenzen so gut wie möglich, um die Eckform zu kaschieren.

- Lassen Sie dem Unkraut keine Chance, damit Ihre Pflanzen ohne Konkurrenz bleiben

und nicht die Form des Gartens. Sie schaffen Balance und zwei unterschiedliche Lebensräume, um die Pflanzenvielfalt zu vergrößern.

PFLANZEN

Zierbäume unterteilen die längste der Abgrenzungsmauern, wobei ihre weichen Formen sowie das Grün zusätzlich Ruhe und etwas Bewegung in den Garten bringen.

In den Rabatten wachsen unzählige farbenfrohe Pflanzen, damit Wärme und Lebendigkeit aufkommt. Es sind viele unterschiedlich geformte Pflanzen integriert, um eine strenge, tiefe Abgrenzung zum Garten zu schaffen. Die hohen, erhabenen Blütenkerzen von Rittersporn (*Delphinium* ›Mighty Atom‹) und Purpurfingerhut (*Digitalis purpurea*) bilden einen herrlichen Kontrast zu Pflanzen wie Ährenminze (*Mentha spicata*) und Purpurfetthenne (*Sedum spectabile*). Duftpflanzen verströmen ihr Aroma, auffällige Arten wie die Elfenbeindistel (*Eryngium giganteum*) bringen Charakter, und Strukturpflanzen wie Sternmagnolie (*Magnolia stellata* ›Waterlily‹) und Stechpalme (*Ilex* x *altaclerensis* ›Golden King‹) setzen Zeichen. Meist ist die Bepflanzung sehr tief und umsäumt den Garten, um Schutz und Abgeschiedenheit zu schaffen.

Viele der Pflanzen bieten lange Zeit einen schönen Anblick. Der Ahorn (*Acer griseum*) etwa hat sehr schönes Laub und eine Rinde, die sich schält. Pflanzen mit erstaunlichen, aber entzückenden Blüten wie der Tibet-Scheinmohn (*Meconopsis betonicifolia*) und die Ballonglockenblume (*Platycodon grandiflorus*) stehen in Kontrast zu dem strengen Laub der Aukube (*Aucuba japonica* f. *longifolia* ›Salicifolia‹) und des Rhabarbers (*Rheum palmatum*).

In der schattigen Ecke wachsen Waldpflanzen und Farne, die sonnigen Rabatten sind in den Sommermonaten eine Farbenpracht.

Die gesamte Abgrenzung ist mit Kletterpflanzen bewachsen, die einen grünen Hintergrund für die Blumen bilden und ein Gefühl von Abgeschiedenheit und Privatsphäre schaffen.

LINKE SEITE: Der Pavillon inmitten von Rosen, formal geschnittenem Buchs und Kletterpflanzen ist ein ruhiger Platz, an dem Sie sitzen und den Garten genießen können.

OBEN: Die Kugeldistel (*Echinops* ›Veitch's Blue‹) blüht mehrmals im Jahr.

DER GARTEN AUF GETRENNTEN EBENEN

Ein Innenhof im Souterrain kann eine reizvolle Erweiterung des Wohnbereiches sein, wenn man die Ebenen geschickt gestaltet. Eine Erhöhung der oberen Ebene schafft ein Maximum an Licht für den Sitzplatz und die Pflanzen.

PFLANZSCHLÜSSEL

1 *Aster amellus* ›King George‹ (Bergaster)
2 *Chrysanthemum* ›Clara Curtis‹ (Chrysantheme)
3 *Dahlia* Gruppe der Zwergdahlien
4 *Sedum spectabile* ›Septemberglut‹ (Purpurfetthenne)
5 *Salvia officinalis* ›Auerea‹ (Gartensalbei)
6 *Veronica longifolia* ›Blauriesin‹ (Kerzenveronika)
7 *Zantedeschia* ›Black Eyed Beauty‹ (Zimmerkalla)
8 *Hydrangea* ›Prezioasa‹, Syn. *H. serrata* ›Prezioasa‹ (Hortensie)
9 *Camellia* ›Jean Pursel‹ (Kamelie)
10 *Rosa rugosa* ›Rubra‹ (Kartoffelrose)
11 *Aster* x *frikartii* ›Flora's Delight‹ (Sommeraster)
12 *Rosa* ›Wendy Cussons‹ (Rose)
13 *Aster* x *frikartii* ›Wunder von Stäfa‹
14 *Aucuba japonica* ›Hillieri‹ (Aukube)
15 *Euphorbia palustris* (Sumpfwolfsmilch)
16 *Hydrangea seemannii* (Hortensie)
17 *Cotoneaster simonsii* (Zwergmispel)
18 *Philodendron scandens* (Baumfreund)
19 *Eleagnus ebbingei* ›The Hague‹ (Wintergrüne Ölweide)
20 *Dicentra spectabilis* (Tränendes Herz)
21 *Thymus vulgaris* (Gartenthymian)
22 *Geranium clarkei* ›Kashmir White‹ (Großblütiger Storchschnabel)
23 *Cytisus battandieri* (Geißklee)
24 *Achillea filipendulina* (Goldgarbe)
26 *Lonicera periclymenum* (Waldgeißblatt)
27 *Passiflora caerulea* ›Grandiflora‹ (Blaue Passionsblume)
28 *Fatsia japonica* ›Aurea‹ (Zimmeraralie)
29 *Pelargonium* ›Pixie Rose‹ (Geranie)
30 *Hypericum calycinum* (Immergrünes Johanniskraut)
31 *Cistus monspeliensis* (Zistrose)
32 *Iberis umbellata* Fairy-Serie (Doldige Schleifenblume)
33 *Hypericum* ›Hidecote‹ (Johanniskraut)
34 *Potentilla fruticosa* ›Princess‹ (Fingerkraut)
35 *Astilbe* ›Aphrodite‹ (Prachtspiere)
36 *Hebe topiaria* (Strauchveronika)
37 *Campanula lactiflora* (Riesenglockenblume)
38 *Spiraea japonica* ›Goldflame‹ (Spierstrauch)
39 *Fuchsia* ›Cascade‹ (Fuchsie)
40 *Canna* ›King Humbert‹ (Blumenrohr)
41 *Iberis sempervirens* ›Weißer Zwerg‹ (Immergrüne Schleifenblume)
42 *Hedera nepalensis* var. *nepalensis* ›Suzanne‹, Syn. *H. helix* ›Suzanne‹ (Efeu)
43 *Rosa* ›Rosy Cushion‹, Syn. *R.* ›Interall‹
44 *Dryopteris erythrosora* (Rotschleierfarn)
45 *Photinia* x *fraseri* ›Red Robin‹ (Glanzmispel)
46 *Clerodendrum thomasoniae* (Kletternder Losstrauch)
47 *Myosotis sylvatica* (Vergissmeinnicht)

48 *Petunia* Duo-Serie (Petunie)
49 *Chaeonmeles speciosa* ›Falconnet Charlet‹ (Chinesische Zierquitte)
50 *Euonymus fortunei* ›Emerald 'n' Gold‹ (Kriechspindel)
51 *Lonicera fragrantissima* (Wohlriechende Heckenkirsche)
52 *Pseudopanax lessonii* ›Gold Splash‹
53 *Limnanthes douglasii* (Sumpfblume)
54 *Foeniculum vulgara* ›Purpureum‹ (Fenchel)

55 *Aubrieta* x *cultorum* ›J. S. Baker‹ (Blaukissen)
56 *Aruncus dioicus* ›Kneiffii‹ (Waldgeißbart)
57 *Tiarella cordifolia* (Schaumblüte)
58 *Daphne bholua* ›Jaqueline Postill‹ (Seidelbast)
59 *Choisya ternata* (Orangenblume)
60 *Salvia officinalis* ›Tricolor‹ (Gartensalbei)
61 *Parthenocissus henryana*, Syn. *Vitis henryana* (Wilder Wein)
62 *Brachyglottis greyi*, Syn. *Senecio greyi* (Kreuzkraut)
63 *Tropeolum tricolor* (Kapuzinerkresse)

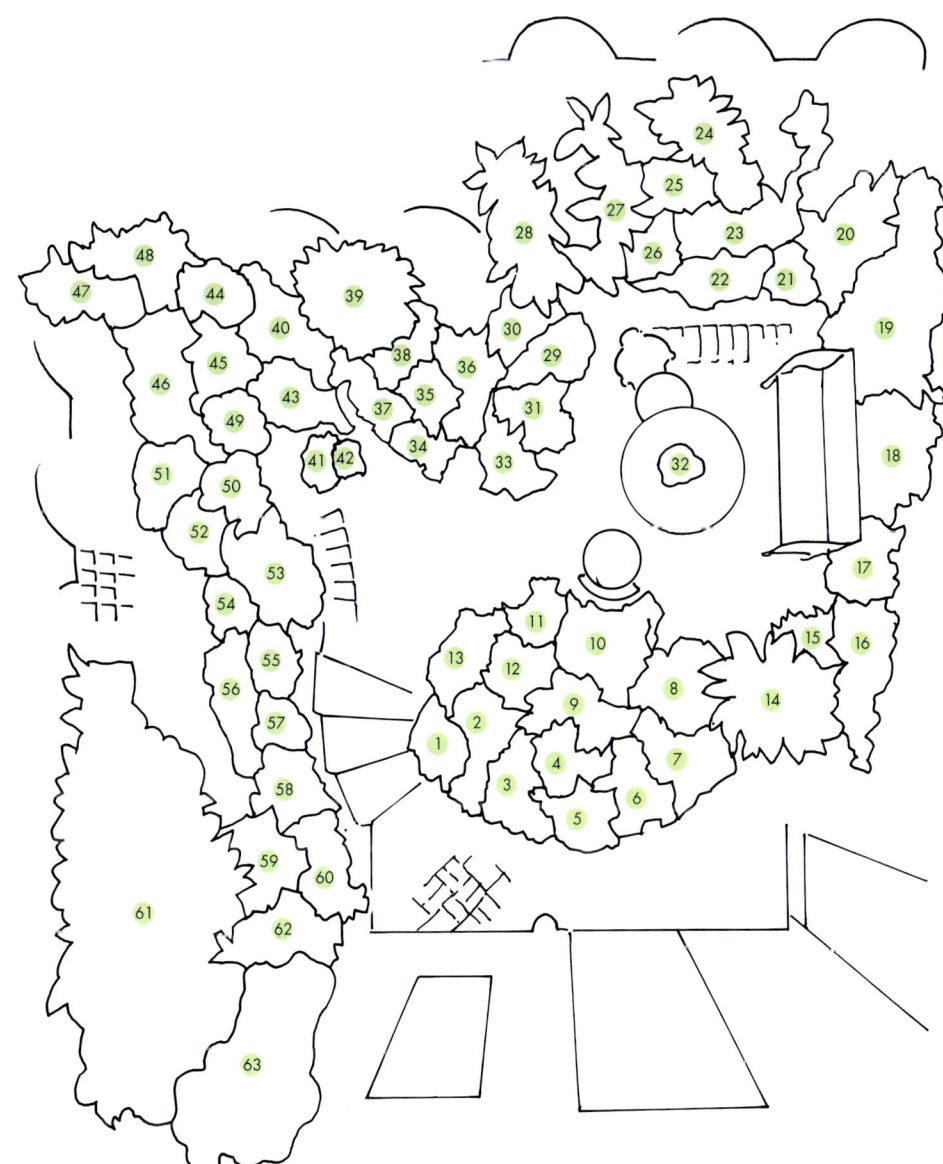

Alte Häuser haben oft einen Garten, den man über ein Souterrain betritt, das umgebaut wurde, um mehr Licht in Küche oder Essbereich zu lassen. Um aus dieser Anordnung das Beste zu machen, ist hier ein Garten auf zwei asymmetrischen Ebenen gestaltet. Die Stufen dazwischen passen sich der gerundeten Rückwand eines Hochbeetes an.

Der Garten ist von beiden Seiten einzusehen, liegt unter dem Straßenniveau und ist sehr schattig. Der Hauptteil ist geschickt zum Licht hin erhöht, bleibt aber geschützt und abgeschieden. Die Pflanzen und die gleichen Ziegelsteine als Boden verbinden die Bereiche, aber die Aufmerksamkeit wird auf die obere, wohnlichere Ebene und die lebhaften, üppigen Pflanzen gelenkt.

Die untere Ebene ist als Sitzplatz zu klein und liegt immer im Schatten, so dass nur wenig Pflanzen hier gedeihen können. Aber die Pflanzen von oben hängen herab, was reizvoll aussieht, für Farbe sorgt und außerdem die Aussicht aus dem Fenster verschönert. Der Blick wird durch geschickte Anordnung von Möbeln, Wasserbecken und Pflanzen auf die obere Ebene gelenkt.

ELEMENTE

Der quadratische Garten liegt zwischen hohen Mauern und kann düster und langweilig wirken, besonders die untere, sehr kleine und schattige Ebene. Der asymmetrische Entwurf mildert die Wirkung des Quadrats und bringt verschiedene Tiefen ein, die Vielfalt und Abwechslung schaffen. Die dominante Rückwand ist mit Farbe aufgehellt und von Kletterpflanzen verdeckt. Ein dekoratives weißes, oben in Bögen gestaltetes Spalier macht die Mauer weicher, dient als Rahmen für Schatten liebende Kletterpflanzen und zieht die Blicke nach oben zu Raum und Licht. Ein Wasserbecken schmiegt sich als Blickfang in der äußeren Ecke zwischen lange blühende Pflanzen wie Glockenblumen und Rosen.

Hochbeete bringen die Pflanzen näher ans Licht und führen den Blick etwas nach

oben, was die Wirkung der verschiedenen Ebenen zu reduzieren. Die Formen der Beete werden nicht völlig von Pflanzen verdeckt, denn ihre kurvigen Linien ziehen die Aufmerksamkeit auf sich und lenken von dem strengen, quadratischen Grundriss ab, wodurch die ganze Anlage viel interessanter erscheint.

Einheit und Kontiniutät bringt die Verwendung der gleichen Ziegelsteine für die Böden beider Ebenen und für die Mauern der Hochbeete. Die Böden sind aber in ungleichen Mustern verlegt, was wiederum den Charakter zweier verschiedener Flächen betont.

Der Sitzplatz, völlig von grünen Pflanzen umgeben, ist ein abgeschiedenes Paradies für Entspannung und Unterhaltung. Kriechende Pflanzen runden hier die harten Kanten des Mauerwerkes ab, ergießen sich auf den Boden, erreichen jeden Teil dieses Bereiches und trennen ihn so raffiniert vom restlichen Garten. Die weißen Möbel ergänzen das Spalier farblich, und das Weiß der Hauswand, des Spaliers und der Möbel reflektiert das Sonnenlicht und bringt Leichtigkeit in diesen Garten, der sonst schattig und düster wäre.

Das Hauptbeet und die Stufen führen den Blick zur oberen Ebene, dann auf die Pflanzen und die asymmetrischen Beete und weiter auf das Spalier und die Kletterpflanzen, so dass eine Raumwirkung und ein attraktiver, geschützter Garten entstehen.

Im unteren Teil rundet eine Kübelpflanze den spitzen Winkel zwischen den Mauern ab.

PFLANZEN

Die Pflanzen sind weitgehend in Rosa- und Rottönen gehalten und sorgfältig ausgewählt, um das strenge Design zu verstärken. Das mittlere Hochbeet ist dicht mit bunt blühenden Sträuchern und Kriechgewächsen bepflanzt. Das verbindet die Bereiche und bringt Farbe in den unteren, ohne mehr Beete oder Kübelpflanzen erforderlich zu machen, die viel Platz beanspruchen würden.

An der Wand hochwachsende Kapuzinerkresse (*Tropaeolum tricolor*) bringt die Pflanzen

ans Haus und komplettiert die Verwandlung in einen Raum, der den Wohnbereich ergänzt.

Hängekörbe mit Einjährigen und Immergrünen bringen Tiefe in das Spalier und teilen die Mauer. Verschieden große Körbe erweitern die Vielfalt an Pflanzen, die Sie kultivieren können, und bieten die Möglichkeit, ihnen einen geeigneten Platz an der Sonne zu gewähren.

TIPPS FÜR GÄRTEN AUF GETRENNTEN EBENEN

- Hängekörbe mit bunten und kriechenden Pflanzen lenken das Auge nach oben und geben dem Laub mehr Tiefe.
- Halten Sie Beete ordentlich, sonst wirken sie überladen.
- Achten Sie darauf, dass das Spalier für das Gewicht der Kletterpflanzen und Hängekörbe stark genug ist.
- Setzen Sie auffällige Pflanzen als Blickfang in die Rabatten.

LINKE SEITE: Die Ebenen werden hier durch ähnliche Ziegelsteine und Bepflanzung nach einem durchgehenden Farbschema vereint.

OBEN LINKS: Ans Spalier gehängte Körbe lassen den Blick nach oben wandern und teilen in den leuchtenden Farben der Saison die Mauer.

OBEN: Durch Kletterpflanzen wie diese Blaue Passionsblume (*Passiflora caerulea*) blitzen Teile der weißen Mauer, und das Ganze wirkt so etwas weicher.

DER FORMALE TEICHGARTEN

Zwei kleine, quadratische Becken, ein schlichter cremefarbener Boden und üppige Pflanzen sind die Elemente, mit denen dieser ungewöhnliche Entwurf sicher gelingt. Eine Figur am Becken zieht die Blicke auf das dichter bepflanzte hintere Ende des Gartens, während am Haus Licht und Luftigkeit herrschen.

PFLANZSCHLÜSSEL

1 *Clematis* ›Royalty‹
2 *Rosa* ›Emily Gray‹ (Rose)
3 *Phalaris arundinacea* var. *picta* (Rohrglanzgras)
4 *Dianthus* ›Pierrot‹ (Nelke)
5 *Lavandula angustifolia* ›Jean Davis‹ (Lavendel)
6 *Potentilla* ›Gibson's Scarlet‹ (Fingerkraut)
7 *Thunbergia coccinea* (Thunbergie)
8 *Campanulla isophylla* ›Alba‹ (Glockenblume)
9 *Primula bulleyana* (Kandelaberprimel)
10 *Armeria maritima* ›Bloodstone‹ (Gewöhnliche Grasnelke)
11 *Saxifraga* ›Clarence Elliot‹, Syn. *S. umbrosa* var. *primuloides* (Steinbrech)
12 *Hemerocallis* ›Dido‹ (Taglilie)
13 *Spiraea japonica* ›Allgold‹ (Spierstrauch)
14 *Anemone huphensis* (Herbstanemone)
15 *Butomus umbellatus* (Schwanenblume)
16 *Sagittaria japonica* (Pfeilkraut)
17 *Ranunculus aquatilis* (Wasserhahnenfuß)
18 *Typha minima* (Zwergrohrkolben)
19 *Hosta undulata* var. *undulata*, Syn. *H.* ›Mediovariegata‹
20 *Cordateria argentea*
21 *Epimedium grandiflorum* (Elfenblume)
22 *Adiantum formosum* (Frauenhaarfarn)
23 *Vinca minor* ›Bowles' Variety‹ (Kleines Immergrün)
24 *Anaphalis triplinervis* (Katzenpfötchen)
25 *Helleborus argutifolius*, Syn. *H. corsicus* (Nieswurz)
26 *Arbutus unedo* (Erdbeerbaum)
27 *Ajuga pyramidalis* (Pyramidengünsel)
28 *Bouteloua gracilis*, Syn. *B. ologostachys* (Haarschotengras)
29 *Phalaris arundinacea* (Rohrglanzgras)
30 *Houttuynia cordata* ›Chamaeleon‹ (Herzblättriger Eidechsenschwanz)
31 *Myosatis sylvatica* ›Ultramarine‹ (Vergissmeinnicht)
32 *Iris laevigata* ›Variegata‹ (Japanische Sumpfiris)
33 *Iris pdeudocorus* ›Golden Fleece‹ (Sumpfschwertlilie)
34 *Nyphaea* ›Odorata Turicensis‹ (Seerose)
35 *Hosta* ›Sum and Substance‹ (Funkie)
36 *Luzula sylvatica* ›Marginata‹, Syn. *L. sylvatica* ›Aureomarginata‹ (Hainsimse)
37 *Persicaria affinis* ›Darjeeling Red‹ (Schneckenknöterich)
38 *Polemonium* ›Lambrook Mauve‹ (Jakobsleiter)
39 *Kirengeshoma palmata* (Wachsglocke)
40 *Carpinus betulus* (Hainbuche)
41 *Ajuga reptans* ›Atropurpurea‹, Syn. *A. reptans* ›Purpurea‹ (Kriechender Günsel)
42 *Hyssopus officinalis* (Ysop)
43 *Fothergilla major* (Federbuschstrauch)
44 *Helleborus odorus* (Nieswurz)
45 *Fritillaria affinis*

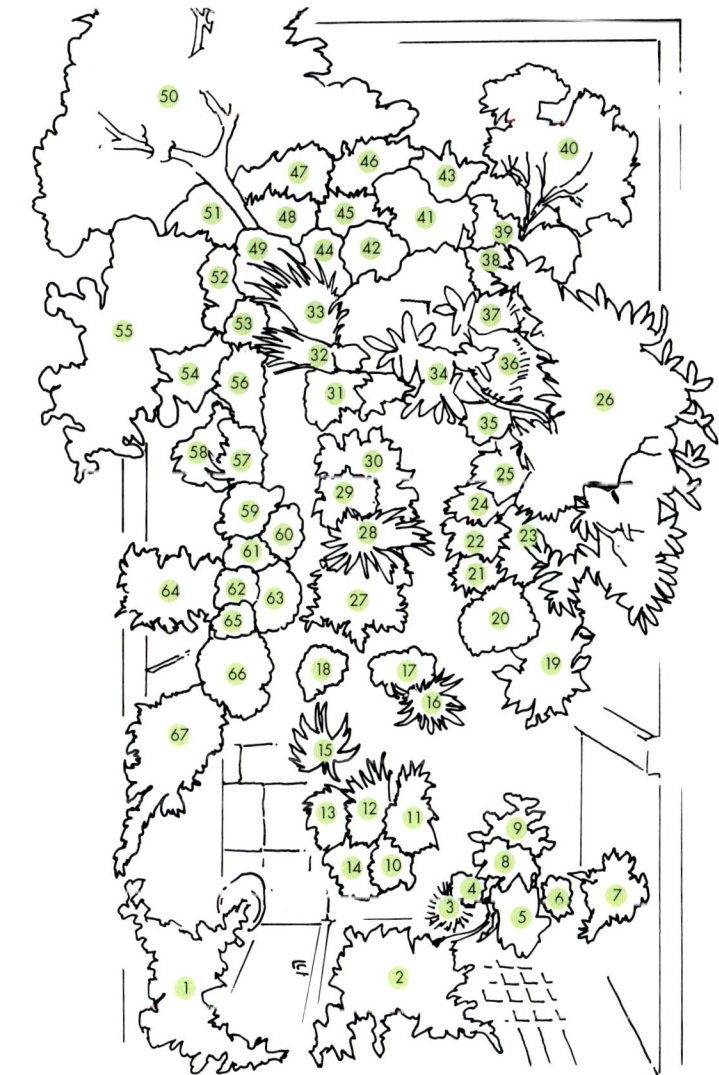

46 x *Fatshedra lizei* ›Pia‹ (Efeuaralie)
47 *Euphorbia dulcis* ›Chamaeleon‹ (Wolfsmilch)
48 *Heuchera* ›Scintillation‹ (Purpurglöckchen)
49 *Geranium pratense* ›Plenum Violaceum‹, Syn. *G. pratense* ›Plenum Purpureum‹ (Wiesenstorchschnabel)
50 *Pyrus salicifolia* (Birnbaum)
51 *Epilobium angustifolium* var. *album* (schmalblättriges Weidenröschen)
52 *Hemerocallis* ›Edna Spalding‹ (Taglilie)
53 *Daphne pontica* (Seidelbast)
54 *Clematis* ›Lasurstern‹
55 *Rosa* ›Alister Stella Gray‹
56 *Impatiens* ›Blackberry Ice‹ (Fleißiges Lieschen)

57 *Sedum spectabile* (Purpurfetthenne)
58 *Dieffenbachia seguine* ›Memoria Corsii‹ (Dieffenbachie)
59 *Daphne* x *manteniana* ›Manten‹ (Seidelbast)
60 *Geranium pratense* ›Mrs Kendall Clark‹ (Wiesenstorchschnabel)
61 *Helichrysum splendidum*, Syn. *H. alveolatum* (Strohblume)
62 *Ruta graveolens* ›Jackman's Blue‹ (Gemeine Raute)
63 *Salvia lavandulifolia* (Salbei)
64 *Eucryphia* x *nymansensis*
65 *Euonymus fortunei* ›Emerald 'n' Gold‹ (Kriechspindel)
66 *Elaeagnus pungens* ›Goldrim‹ (Dornige Ölweide)
67 *Rhus typhna* (Essigbaum)

Spiegelungen und geometrische Präzision sind die Hauptelemente dieses Gartens. Die zwei kleinen Becken, die sich in Form und Größe widerspiegeln, bilden eine relativ große Wasseroberfläche, sind aber nicht so beherrschend wie ein einziger großer Teich. Obwohl die Pflanzen vieles abrunden, bleiben die formal rechteckigen Linien erhalten.

In diesem Garten werden eine Reihe von Regeln gebrochen. Er ist gestaltet, als wäre er größer, als er es ist, aber der Entwurf ist gelungen. In der Regel sehen auf kleinen Flächen auch kleine Bodenplatten am besten aus, aber hier sind große cremefarbene Steinplatten verlegt, die den Garten größer und heller wirken lassen.

Die Pflanzen sind unkompliziert und mögen schattige, feuchte Lagen. Die Rot- und Grüntöne der Blätter ahmen das Wasser und die Ziegelmauer nach. Mit seinem strengen Design, den klaren Linien und der üppigen, vielfältigen Bepflanzung lädt dieser Garten jeden ein, ihn zu erforschen.

ELEMENTE

Die hellen Steinplatten reflektieren das Licht und betonen die klaren Linien und die Regelmäßigkeit der Gestaltung. Die quadratischen Becken sind der Hauptblickfang, von dem nur wenig ablenkt, so dass die formale Atmosphäre gewahrt bleibt. Sie spiegeln den Himmel und das Laub, was dem Garten eine zusätzliche Dimension verleiht, und bieten mehr Spielraum beim Einsatz unterschiedlicher Pflanzen.

Der Garten ist dezent in zwei Hälften geteilt. Der Bereich am Haus ist hell und luftig, die strengen Linien des Bodens und des Beckens sind bewusst beibehalten. In der hinteren Hälfte befindet sich auf der einen Seite ein schmales, auf der anderen ein breiteres Blumenbeet für eine Reihe von Pflanzen, die im anderen Teil keinen Platz haben.

Eine einzelne Statue am Ende des vom Haus aus hinteren Beckens dient als weiterer Blickfang, der dem Garten die Blicke entzieht; das aus einem Gefäß plätschernde Wasser bringt mit seinem beruhigenden Geräusch eine weitere Dimension in den Garten.

Die Ziegelmauern, die einen starken Kontrast zu den Bodenplatten bilden, sind ein sehr wirkungsvoller Hintergrund für die Pflanzen, die Hauswände sind jedoch weiß gestrichen, damit sie das Licht in den Garten reflektieren.

Eine doppelte Reihe von Ziegelsteinen im vorderen Bereich des entfernteren Beetes sorgt für eine Veränderung der Oberfläche, und einige Kübel mit kleinen Sträuchern vor dem Beet verleihen den Pflanzen mehr Tiefe und lassen den Garten größer erscheinen. Das quadratische Gefäß in der Gruppe zwischen den Becken betont deren Form, unterbricht jedoch die Kontinuität mit einigen interessanten, immergrünen Pflanzen.

PFLANZEN

Die Bepflanzung ist so vielfältig, wie man es eigentlich eher in einem größeren Garten erwarten würde. Dabei sind die Bäume wichtig, um die Illusion von Weite aufrechtzuerhalten. Die zwei kleinen Bäume, Hainbuche (*Carpinus betulus*) und Birne (*Pyrus salicifolia* ›Pendula‹), sorgen nicht nur für Höhe, sondern verdecken wirkungsvoll die kahlen Mauern.

Interessante Bereiche in niedrigeren Ebenen gleichen die Höhe der Bäume aus. Die unterschiedlichen Formen und Höhen bringen große Vielfalt, und der Blick wandert zu verschiedenen Stellen, wobei das klare geometrische Muster nicht unterbrochen wird.

In der Nähe des Hauses sind die Gartenmauern weitgehend kahl, werden aber zunehmend von Pflanzen bedeckt. So entsteht das Gefühl, der Garten würde weiter reichen, als es tatsächlich der Fall ist.

Um die Becken herum wächst nur wenig, um die strengen Umrisse nicht zu unterbrechen. Nur ein paar Pflanzen hängen über den Rand.

Die Farben sind dezent; in einem großen, cremefarbenen Tongefäß wachsen zahlreiche rosa und purpurn blühende Pflanzen, die Farbe ans Haus bringen. Kübel bringen Pflanzen in Bereiche, die sonst kahl wären; deshalb mussten nur wenige Beete angelegt werden, und die Kontinuität der Bodenplatten kann erhalten bleiben. Ein oder zwei Zierbäume in Kübeln lassen sich versetzen, damit sie sich zu verschiedenen Jahreszeiten von ihrer besten Seite zeigen.

Das Spalier am Haus bietet Klettergewächsen einen zusätzlichen Standort und erweitert den bepflanzbaren Bereich, ohne viel Platz zu beanspruchen.

LINKE SEITE: Gerade Linien, Rechtecke und Quadrate dominieren hier und verbinden Becken, Sitzbereich, Boden und Kiesel zu einer Einheit.

OBEN LINKS: Klematis und Rosen können zusammen an Mauern wachsen, um für mehr Blütenpracht zu sorgen, ohne viel Platz zu benötigen.

OBEN: Diese Statue, umgeben vom üppigen Laub und den kühlen weißen Blüten der Zimmerkalla (*Zantedeschia aethiopica*), ist ein schöner Blickfang; das Plätschern sorgt für Bewegung und Geräusche.

TIPPS FÜR FORMALE TEICHGÄRTEN

- Verfugen Sie die Bodenplatten so, dass keine Lücken und Zwischenräume bleiben, in denen Unkräuter wachsen können.
- Halten Sie Bodenplatten frei von Moos, damit sie nicht rutschig werden.
- Pflanzen Sie auch Gewächse, die Schatten lieben und zarte Blüten tragen.
- Viele Immergrüne sorgen das ganze Jahr für einen interessanten Anblick.
- Kleiden Sie die Teiche mit einer Kunststofffolie aus.
- Wählen Sie die Wasserpflanzen vorsichtig aus. In einem kleinen Teich ist es schwerer als in einem großen, ein Gleichgewicht zu schaffen und zu halten sowie den Algenbewuchs zu kontrollieren.
- In einem sehr kleinen Garten ist ein Kiesel- oder Mühlsteinbrunnen oder ein Behälterteich eine gute Alternative.
- Auf den Teich rieselndes Wasser hält den Wasserstand im Sommer gleich.

DER HALBFORMALE TEICHGARTEN

Zwei deutlich formale Teiche, Ziegelwerk in Fischgrätenmuster, ein ungewöhnlicher kurviger Weg und eine große Vielfalt an Laub und Blüten haben aus diesem einst düsteren rechteckigen Garten etwas wirklich Besonderes gemacht. Von einem geräumigen Sitzbereich in der Nähe des Hauses aus kann man sich jederzeit an ihm erfreuen.

PFLANZSCHLÜSSEL

1 Hydrangea aspera (Raue Hortensie)
2 Hebe ›Mrs Winder‹, Syn. H. ›Waikiki‹, H. ›Warleyensis‹ (Strauchveronika)
3 Daphne x burkwoodii ›Astrid‹ (Maienseidelbast)
4 Veronica spicata ssp. spicata (Ähriger Ehrenpreis)
5 Buddleja davidii ›Royal Red‹ (Schmetterlingsstrauch)
6 Deutzia monbeigii (Deutzie)
7 Hosta ›So Sweet‹ (Funkie)
8 Hydrangea macrophylla ›Ayesha‹ (Hortensie)
9 Campsis radicans (Jasmintrompete)
10 Sarcococca hookeriana var. digyna ›Purple Stern‹
11 Mahonia lomariifolia (Mahonie)
12 Cornus alba ›Elegantissima‹ (Tatarischer Hartriegel)
13 Hydrangea ›Preziosa‹, Syn. H. serrata ›Preziosa‹ (Hortensie)
14 Sambucus racemosa ›Plumosa Aurea‹ (Trauben-holunder)
15 Browallia speciosa ›White Troll‹
16 Olearia albida
17 Yucca filamentosa ›Bright Edge‹ (Fädige Palmlilie)
18 Lavandula agustifolia ›Hidecote‹, Syn. L. ›Hidecote Blue‹ (Echter Lavendel)
19 Brachyglottis greyi, Syn. Senecio greyi
20 Iris pdeudocorus (Sumpfschwertlilie)
21 Typha minima (Zwergrohrkolben)
22 Iris ensata ›Blue Peter‹ (Japanische Prachtschwertlilie)
23 Lysichiton americanus (Gelbe Scheinkalla)
24 Populus alba ›Raket‹ (Silberpappel)
25 Thymus x citriodorus ›Bertram Anderson‹ (Zitronenthymian)
26 Pittosporum tenuifolium ›Deborah‹ (Klebsame)
27 Yucca gloriosa (Spanischer Dolch)
28 Skimmia japonica ›Nymans‹ (Skimmie)
29 Eriobotrya japonica (Japanische Mispel)
30 Lavatera ›Shorty‹ (Buschmalve)
31 Deutzia scabra ›Candidissima‹ (Deutzie)
32 Buddleja globosa (Schmetterlingsstrauch)
33 Hedera helix ›Glacier‹ (Efeu)
34 Actinidia kolomikta (Strahlengriffel)
35 Elaeagnus pungens ›Dicksonii‹ (Dornige Ölweide)
36 Phormium tenax ›Aurora‹ (Neuseeländer Flachs)
37 Phormium ›Maori Chief‹, Syn. P. tenax ›Rainbow Chief‹ (Neuseeländer Flachs)
38 Spiraea ›Arguta‹, Syn. S. x arguta , ›Bridal Wreath‹ (Brautspiere)
39 Pelargonium ›Robe‹ (Geranie)
40 Pelargonium ›Rica‹
41 Eschscholzia californica ›Monarch Art Shades‹ (Kalifornischer Mohn)
42 Blechnum spicant (Rippenfarn)
43 Erythronium revolutum
44 Hemerocallis ›Dido‹ (Taglilie)

45 Doryanthes palmeri (Speerblume)
46 Iris sibirica ›Mountain Lake‹ (Sibirische Schwertlilie)
47 Pontederia cordata (Herzförmiges Hechtkraut)
48 Hydrocharis morsus-rannae (Froschbiss)
49 Butomus umbellatus (Schwanenblume)
50 Caltha palustris (Sumpfdotterblume)
51 Escallonia rubra ›Woodside‹, Syn. E. rubra ›Pygmaea‹

52 Fritillaria imperialis (Kaiserkrone)
53 Hosta ›Tall Boy‹ (Funkie)
54 Eleagnus x ebbingei ›Gilt Edge‹ (Wintergrüne Ölweide)
55 Desmodium elegans, Syn. D. tiliifolium

42, 43, 44 sind rund um größere Gewächse gepflanzt

Dieser Garten ist um zwei Teiche gestaltet, die ein runder Weg aus Ziegelsteinen und ein Sumpfgarten voneinander trennt. Teiche und Sumpfgarten erhöhen die Zahl der Pflanzen, die kultiviert werden können, und sind Lebensraum für viele Tiere. Die Vielfalt der Pflanzen schafft auch eine Vielfalt der Strukturen und Formen. Trotz des Weges, der sich durch den Garten schlängelt, ist der ganze Bereich in einen grünen Mantel gehüllt und bildet einen abgeschiedenen Raum.

Schlichtheit ist der Schlüssel zu diesem Design mit einer diagonalen Spiegelachse – der Schuppen spiegelt die Stufen gegenüber, die Wasserbecken spiegeln einander. Das Laub reflektiert die zarten Farben des Was-sers – ruhige Grün-, Blau- und Grautöne finden sich in den üppig grünen Bereichen. In diesen Garten möchte man eintreten und ihn entdecken. Ein kleiner Brunnen bringt gleichermaßen Bewegung und Ruhe und macht ihn entspannt und einladend.

ELEMENTE

Der Weg aus Ziegelsteinen führt vom Haus zu dem kleinen Schuppen gegenüber. Im Sitzbereich sind die verwitterten Ziegel im Fischgrätenmuster verlegt, die kleinen Ziegelsteine auf der Fläche hinter dem ersten Teich liegen gerade. Als Abschluss dienen Steinplatten, die von einer Hälfte zur anderen fließen und beide Bereiche verbinden. Flache Stufen zwischen den Becken bilden eine leichte, undramatische Verschiebung der Ebenen und laden Besucher ein, bei den Pflanzen zu verweilen.

Die Ruhe des Wassers macht den Garten sehr reizvoll und verstärkt das strenge Design. Es reflektiert Himmel und Laub und ergänzt und unterstreicht die Bewegung der Blätter und die Geschäftigkeit der Insekten.

Verschiedene Sträucher wachsen in einem kleinen Hochbeet vor dem Schuppen und sind so ein guter Sichtschutz gegen ihn. Das Beet setzt sich auf der anderen Seite des Gartens fort und bietet einigen auffallenden Pflanzen Platz.

Die Ziegelmauer ist weiß gestrichen, um den Garten hell und sonnig zu machen und einen schönen Hintergrund zu schaffen, vor dem die Pflanzen bewundert werden können. Ein Spalier auf der Mauer erhöht diese, ohne das Licht auszusperren, und erweitert den Bereich für Pflanzen. Das Holz des Spaliers und der Stufen, die zum Sitzplatz führen, findet sich auch in Tisch und Stühlen wieder.

PFLANZEN

Obwohl hier sehr viel gepflanzt ist, reicht der Platz noch für einen großen Sitzbereich, da die meisten Pflanzen in Beeten vor den Mauern wachsen; so bleibt der Hauptteil frei und der Bodenbelag sichtbar. Durch die Beete lässt sich die Bepflanzung rund um den ganzen Garten führen, was für Abgeschiedenheit und Sichtschutz sorgt. Strukturpflanzen wie Neuseeländer Flachs (*Phormium tenax* ›Aurora‹, ›Maori Chief‹) und Speerblume (*Doryanthes palmeri*) sind Blickfänge und bringen verschiedene Höhen ein, aber der eigentliche Hingucker bleibt der Garten selbst.

Die klaren Linien der Teiche, nur wenig von überhängenden Pflanzen verdeckt, betonen ihre formale Erscheinung, die gleichzeitig durch einige Wasserpflanzen auf der Oberfläche ausgeglichen wird. Beide Teiche haben einen üppigen Hintergrund aus Pflanzen, und eine große Vielfalt an Blattformen bringt Abwechslung. Die zarte Eleganz von Zwergrohrkolben (*Typha minima*) und Japanischer Prachtschwertlilie (*Iris ensata* ›Blue Peter‹) vor den Struktur verleihenden Ähren der Fädigen Palmlilie (*Yucca filamentosa* ›Bright

Edge‹) haben an dieser Stelle eine erstaunliche Wirkung. Der etwas kahlere Teil der Wand profitiert von den raschelnden grauen Blättern der Silberpappel (*Populus alba* ›Raket‹).

Ein Sumpfgarten bietet die Möglichkeit, Pflanzen zu kultivieren, die feuchten Boden bevorzugen. Er lässt sich schnell anlegen, wenn Sie die Teichfolie zu einer Vertiefung erweitern, die Sie mit guter Erde füllen.

Viele der Wasserpflanzen sind in Behältern gepflanzt, damit sie sich nicht zu stark ausbreiten und die Pflege leichter ist. Hat sich erst das Gleichgewicht zwischen Pflanzen und Tieren eingestellt, versorgt sich ein Teich selbst, auch wenn regelmäßige Kontrollen nach Schädlingen und wuchernden Pflanzen wie Wasserpest notwendig sind. Entfernen Sie Falllaub immer, bei dessen Zersetzung giftige Gase entstehen können.

LINKE SEITE: Der kurvige Weg aus Ziegelsteinen schafft eine dynamische Trennung zwischen den zwei formalen Becken, die von laub- und formbetonten Pflanzen umgeben sind.

OBEN LINKS: Die Sumpfschwertlilie (*Iris pdeudocorus*) ist eine ausgezeichnete Pflanze für einen formalen Teich. Ihre Form und Blätter ergänzen die gelben Blüten perfekt.

OBEN: In einem Sumpfgarten lassen sich einige Feuchtigkeit liebende Pflanzen mit üppigem, dekorativem Laub und hübschen Blüten kultivieren.

TIPPS FÜR HALBFORMALE TEICHGÄRTEN

- Saubere Wege und verfugte Ziegelsteine hemmen das Unkrautwachstum.
- Achten Sie darauf, dass das Wasser klar und frei von Unkrautpflanzen ist.
- Lichten Sie Pflanzen aus, die im Wasser stark wuchern.
- Setzen Sie wuchernde Pflanzen in Behältern ein, damit sie sich nicht stark ausbreiten können und der Teich nicht überwachsen wird.

DER GARTEN FÜR PFLANZENLIEBHABER

Ein Garten voll mit Pflanzen: Bäume, Sträucher, Rosen, Kletterpflanzen, Stauden, Steingartengewächse, Einjährige, Gräser. Aber ein harmonisches Ganzes entsteht erst durch das Kombinieren verschiedener Elemente und Lebensräume.

PFLANZSCHLÜSSEL

1 *Rosa* ›Paul's Scarlet Climber‹ (Rose)
2 *Rosa banksie*
3 *Buxus microphylla* (Buchsbaum)
4 *Aubrieta* x *cultorum* (Blaukissen)
5 *Cortaderia selloana* (Pampasgras)
6 *Carex oshimensis* ›Evergold‹ (Segge)
7 *Stipa gigantea* (Riesenfedergras)
8 *Fargesia nitida* (Dunkelgrüner Schirmbambus)
9 *Festuca glauca* ›Elijah Blue‹ (Blauschwingel)
10 *Phalaris arundinacea* ›Picta‹ (Rohrglanzgras)
11 *Yucca gloriosa* (Spanischer Dolch)
12 *Phormium* ›Bronze Beauty‹ (Neuseeländer Flachs)
13 *Hakonechloa macra* ›Aurola‹ (Japanisches Berggras)
14 *Agave parviflora* (Agave)
15 *Phormium* ›Sundowner‹ (Neuseeländer Flachs)
16 *Buddleja globosa* (Schmetterlingsstrauch)
17 *Genista lydia* (Lydischer Ginster)
18 *Hamamelis* x *intermedia* ›Allgold‹ (Zaubernuss)
19 *Corylus avellana* (Haselnuss)
20 *Malus floribunda* (Zierapfel)
21 *Magnolia campbelii* ›Charles Raffill‹ (Magnolie)
22 Apfel und Birne als Schnurbäumchen
23 *Cornus alba* ›Elegantissima‹ (Tatarischer Hartriegel)
24 *Cornus alba* ›Siberica‹ (Purpurhartriegel)
25 *Campsis* x *tagliabuana* (Trompetenblume)
26 *Ipomoea indica* (Prunkwinde)
27 *Dryopteris affinis* ›Crispa Gracilis‹ (Goldschuppenfarn)
28 *Matteuccia struthiopteris* (Straußfarn)
29 *Euphorbia amygdaloides* ›Purpurea‹, Syn. *E. amygda-loides* ›Rubra‹ (Mandelblättrige Wolfsmilch)
30 *Ligularia* ›The Rocket‹ (Bandblume)
31 *Hosta fortunei* (Graublattfunkie)
32 *Cyclamen hderifolium*
33 *Prunus pendula* ›Pendula Rosea‹ (Japanische Blütenkirsche)
34 *Hibiscus syriacus* (Roseneibisch)
35 *Paeonia lactiflora* (Edelpfingstrose)
36 *Potentilla fruticosa* ›Elizabeth‹ (Fingerkraut)
37 *Potentilla fruticosa* var. *dahurica* ›Farrer's White‹ (Fingerkraut)
38 *Lobelia* ›Queen Victoria‹ (Männertreu)
39 *Lunaria annua* ›Variegata‹ (Judaspfennig)
40 *Physostegia virginiana* (Gelenkblume)
41 *Clematis* ›Jackmanii Rubra‹
42 *Delphinium* ›Tessa‹ (Rittersporn) mit Gladiolen-Sorten
43 *Eryngium alpinum* ›Amethyst‹ (Alpendistel)
44 *Papaver orientale* (Türkischer Mohn)
45 *Eryngium maritimum* (Edeldistel)
46 *Nepeta sibirica* (Katzenminze)
47 *Geranium* ›Johnson's Blue‹ (Storchschnabel)
48 *Helichrysum italicum* (Strohblume)
49 *Mimulus lewisii* (Gauklerblume)
50 *Geranium psilostemon* (Schwarzäugiger Storchschnabel)
51 *Philadelphus* ›Belle Etoile‹ (Falscher Jasmin)

52 *Akebia quinata*
53 *Bougainvillea* ›San Diego‹
54 *Eccremocarpus scaber* (Schönranke)
55 *Verbena* ›Silver Anne‹ (Eisenkraut)
56 *Nigella damascena* ›Miss Jekyll‹ (Jungfer im Grünen)
57 *Antirrhinum majus* (Gartenlöwenmaul)
58 *Tagetes* ›Disco Golden Yellow‹
59 *Lobularia maritima* (Duftsteinrich)
60 *Cosmos bipinnatus* ›Sea Shells‹ (Schmuckkörbchen)
61 *Nicotiana sylvestris* (Waldtabak)

62 *Iberis umbellata* (Doldige Schleifenblume)
63 *Centaurea cyanus* (Kornblume)
64 *Clarkia amoena* (Clarkie)
65 *Myosotis sylvatica* ›Music‹ (Vergissmeinnicht)
66 *Petunia* Grandiflora-Hybriden (Petunie)
67 *Rosa* ›Invincible‹ (Rose)
68 *Rosa* ›Sunset Boulevard‹
69 *Rosa* ›Schneewittchen‹
70 *Rosa* ›Freedom‹
71 *Rosa* ›Fascination‹

72 *Rosa* ›Bride‹
73 *Rosa* ›Tintinara‹
74 *Rosa* ›Awareness‹
75 *Armeria maritima* (Gewöhnliche Grasnelke)
76 *Artemisia stelleriana* (Beifuß)
77 *Sempervivum tectorum* (Echte Hauswurz)
78 *Aurinia saxatilis*, Syn. *Alyssum saxatile* (Felsensteinkraut)
79 *Primula* ›Wanda‹ (Primel)
80 *Dianthus deltoides* (Heidenelke)

83

ELEMENTE

Die Attraktion des Gartens sind die Pflanzen, und er ist absichtlich so gestaltet, um ihnen ideale Bereiche zu bieten und sie hervorzuheben. Auf dem Innenhof ragt am Haus als schattiger Sitzplatz eine Pergola vor, umhüllt von Kletterpflanzen, die für Abgeschiedenheit und Schutz vor der Sonne sorgt. Von hier aus blickt man durch all die Pflanzen in den Garten, während ein zarter Duft die Luft erfüllt.

Vor diesem Bereich liegt ein Rosengarten mit kiesbedecktem Boden. Die Teehybriden und Floribundarosen wachsen inmitten einer gestutzten Buchshecke in Form eines Mini-Labyrinths. Der Weg besteht aus kleinen grauen, unauffälligen Bodenplatten.

Vor verschiedenfarbigem Kies zeigen sich Gräser wie Blauschwingel (*Festuca glauca* ›Elijah Blue‹), Rohrglanzgras (*Phalaris arundinacea* ›Picta‹) und Japanisches Berggras (*Hakonechloa macra* ›Aurola‹) mit Spanischem Dolch (*Yucca gloriosa*), Neuseeländer Flachs (*Phormium* ›Bronze Beauty‹) und anderen Solitärpflanzen von ihrer besten Seite. Gegen die roten Ziegel hebt sich grauer Kies ab und zieht die Blicke auf sich; die Gräser kommen am besten auf gelbem Kies zur Geltung.

Das Gewächshaus steht da, wo es das beste Licht hat. Es ist zwar teilweise von der Mauer verdeckt, aber leicht zu erreichen.

Die Gestaltung ist sorgfältig durchdacht, um dem Pflanzenliebhaber auf dem begrenzten Raum die größtmögliche Artenvielfalt und Anzahl an Pflanzen aus verschiedenen Lebensräumen zu bieten. Der Garten ist voller interessanter Anblicke, aber ausgewogen und einheitlich.

Man findet Pflanzen aller Familien, von Mohn über Rosen und Kletterpflanzen bis zu Gräsern. Überall wächst etwas Interessantes und bildet ein Paradies für Pflanzenfans. Es gibt immer etwas zu tun inmitten sich ständig verändernder Gewächse. Kleine Flächen verschiedener Gartenstile ermöglichen dem leidenschaftlichen Gärtner, viele besondere Pflanzen zu ziehen. Zu viele kleine Bereiche können überladen und uneinheitlich wirken, aber dieser Entwurf verbindet alles miteinander.

Der Garten braucht das ganze Jahr Aufmerksamkeit, und manche der empfindlichen Pflanzen müssen im Gewächshaus überwintern, aber für einen Pflanzenliebhaber sollte das kein Problem sein. Wenn man in arbeitsintensiven Gärten immer etwas tut, überrollt einen die Arbeit später nicht.

PFLANZEN

In dem Beet am Haus wachsen Einjährige. Sie können je nach Jahreszeit beliebig ausgetauscht werden, und man kann hier an einer geschützten Stelle seine Lieblingspflanzen kultivieren.

Die Farben sind so gewählt, dass sie fein und harmonisch zusammenpassen; nur das Blumenbeet ist mit Pflanzen in leuchtenden, gewagten Farben bestückt. Die lebhaften und warmen Töne des Türkischen Mohns (*Papaver orientale*) ziehen die Blicke auf sich; zu den interessantesten Kletterpflanzen zählen

von atemberaubender Schönheit und Form wie die Alpendistel (*Eryngium alpinum* ›Amethyst‹) mit ihren stacheligen Blättern sowie den wundervollen blauen Blüten und der Judaspfennig (*Lunaria annua* ›Variegata‹) mit seinen typischen trockenen, ovalen Samenständen.

Der hintere Gartenbereich ist mit vielen Sträuchern bepflanzt, und in der Nähe des Schuppens stehen einige Obstbäume, die im Spätsommer köstliche Früchte tragen.

Der feuchte, schattige Teil unter den Ästen des Baumes im Nachbargarten ist ein guter Standort für Schatten liebende Pflanzen wie beispielsweise Farne oder Funkien. Auch Waldpflanzen, die hübsch aussehen und zu verschiedenen Jahreszeiten mehr Farbe bringen, wachsen hier.

Das erhöhte Inselbeet hebt das Blickfeld und versteckt Teile des Gartens. Das weckt die Neugier auf das, was es da noch zu sehen gibt, auf den unsichtbaren Garten. Das Inselbeet selbst ist der ideale Standort für einen Steingarten und Gebirgspflanzen, die in Geröllbeeten wachsen und das ganze Jahr interessant aussehen.

Akebia quinata und *Bougainvillea* ›San Diego‹. Weitere Kletterpflanzen wachsen am Spalier neben dem Gartenhäuschen.

Zahlreiche unterschiedliche Pflanzen in einem Garten ergeben automatisch eine große Vielfalt der Formen und Strukturen, die sich vermischen und der Form der Beete Fluss und Bewegung verleihen. Manche Pflanzen sind

GEGENÜBER: In einer Pergola lassen sich verschiedene Kletterpflanzen ziehen, ihres Laubes als auch der Blüten wegen – und natürlich auch wegen des Duftes.

OBEN: Die Kletterpflanze *Akebia quinata* ist mit ihren Blütenbüscheln, in Form und Farbe sehr ungewöhnlich, wirklich etwas für Liebhaber.

OBEN RECHTS: Ein gut durchlässiges Hochbeet ist ideal für Steingartenpflanzen, die sich gegen den Kies auf dem Boden schön abheben.

TIPPS FÜR DEN GARTEN FÜR PFLANZENLIEBHABER

- Kaufen Sie immer Pflanzen von bester Qualität, damit sie gut gedeihen, einen schönen Anblick bieten und sich gut vermehren lassen.
- Pflegen Sie den Rasen gut, damit das üppig grüne Gras einen guten Hintergrund für die Pflanzen bildet – der Blick sollte auf die Pflanzen gelenkt werden, nicht auf die Löcher im Rasen.
- Bringen Sie an breiten, schwer zu erreichenden Rabatten eine Bewässerungsanlage mit Tropfvorrichtung an, wenn auch für kleinere Bereiche, die weniger Wasser brauchen, die Gießkanne genügt.
- Informieren Sie sich gut über Pflege und Versorgung jeder Pflanzenfamilie.
- Stellen Sie Kübelpflanzen immer wieder um, damit sie sich zu den verschiedenen Jahreszeiten immer von ihrer besten Seite zeigen.
- Halten Sie Bodenoberflächen sauber und ordentlich, damit sie einen schönen Hintergrund für die Pflanzen bilden und sie unterstreichen.

DER FERNÖSTLICHE GARTEN

Dieser Garten ist bestimmt von Form und Gestalt, Kontrast und Ergänzung, die durch Wiederholung und Geometrie zu einem einheitlichen Ganzen werden. Das strenge Design verbindet einzelne Bereiche, Materialien und Pflanzen und schafft eine von Stille und Frieden durchdrungene Atmosphäre.

PFLANZSCHLÜSSEL

1 *Lavandula agustifolia* ›Hidecote‹, Syn. *L.* ›Hidecote Blue‹ (Echter Lavendel)
2 *Lilium candidum* (Madonnenlilie)
3 *Nepeta sibirica*, Syn. *N. macrantha* (Katzenminze)
4 *Hemerocallis* ›Apple Tart‹ (Taglilie)
5 *Acer negundo* ›Variegatum‹, Syn. *A. negundo* ›Argentovariegatum‹ (Eschenahorn)
6 *Hebe pinguifolia* ›Pagei‹ (Strauchveronika)
7 *Festuca eskia* (Schwingel)
8 *Festuca glauca* ›Elijah Blue‹ (Blauschwingel)
9 *Phyllostachys nigra* (Schwarzrohrbambus)
10 *Humulus lupulus* (Hopfen)
11 *Ruta graveolens* (Gemeine Raute)
12 *Clematis* ›William Kenneth‹
13 *Senecio cinerarie* ›White Diamond‹ (Silberblatt)
14 *Kniphofia triangularis* ssp. *triangularis*, Syn. *K. galpinii* (Zwergfackellilie)
15 *Veronica austriaca* ssp. *teucrium* ›Crater Lake Blue‹ (Großer Ehrenpreis)
16 *Macleaya* x *kewensis* (Federmohn)
17 *Hedera helix* ›Eva‹ (Efeu)
18 *Hydrangea macrophylla* ›Madame Emile Mouillère‹ (Hortensie)
19 *Sasa veitchii*, Syn. *Arundinaria veitchii* (Weißrand-zwergbambus)
20 *Ficus pumila* (Kletterfeige)
21 *Robinia hispida* ›Rosea‹ (Borstige Robinie)
22 *Clematis* ›Nelly Moser‹
23 *Buxus microphylla* ›Green Pillow‹ (Buchsbaum)
24 *Buxus sempervirens* ›Elegantissima‹ (Buchsbaum)
25 *Phormium* ›Dazzler‹ (Neuseeländer Flachs)
26 *Orbea variegata*, Syn. *Stapelia variegata*
27 *Oxalis* ›Ione Hecker‹ (Sauerklee)
28 *Dianthus* ›La Bouboule‹ (Nelke)
29 *Berberis thunbergii* ›Bagatelle‹ (Heckenberberitze)
30 *Prunus* ›Accolada‹ (Zierkirsche)
31 *Gleditsia triacanthos* ›Sunburst‹ (Falscher Christusdorn)
32 *Rhododendron yakushimanum*
33 *Tanacetum ptarmiciflorum*, Syn. *Pyrethrum ptarmiciflorum* (Wucherblume)
34 *Lamium maculatum* ›Beacon Silver‹ (Gefleckte Taubnessel)
35 *Celmisia ramulosa*
36 *Papaver orientale* ›Allegro‹ (Türkischer Mohn)
37 *Artemisia* ›Powis Castle‹ (Beifuß)
38 *Pyracantha* ›Golden Charmer‹ (Feuerdorn)
39 *Tradescantia pallida* ›Purpurea‹ (Dreimasterblume)
40 *Lobularia maritima* (Duftsteinrich)
41 *Quercus robur* (Stieleiche; Bonsai)
42 *Cerastium tomentosum* (Filziges Hornkraut)
43 *Alnus incana* (Grauerle; Bonsai)
44 *Lithops marmorata* (Lebende Steine)

45 *Yucca gloriosa* (Spanischer Dolch)
46 *Crassula ovata* (Dickblatt)
47 *Clematis montana* var. *rubens* ›Elisabeth‹ (Bergwaldrebe)

48 *Hosta fortunei* var. *albopicta*, Syn. *H.* ›Aureomaculata‹ (Graublattfunkie)
49 *Dianthus* ›Joanne‹ (Nelke)
50 *Erigeron* ›Gaiety‹ (Berufskraut)

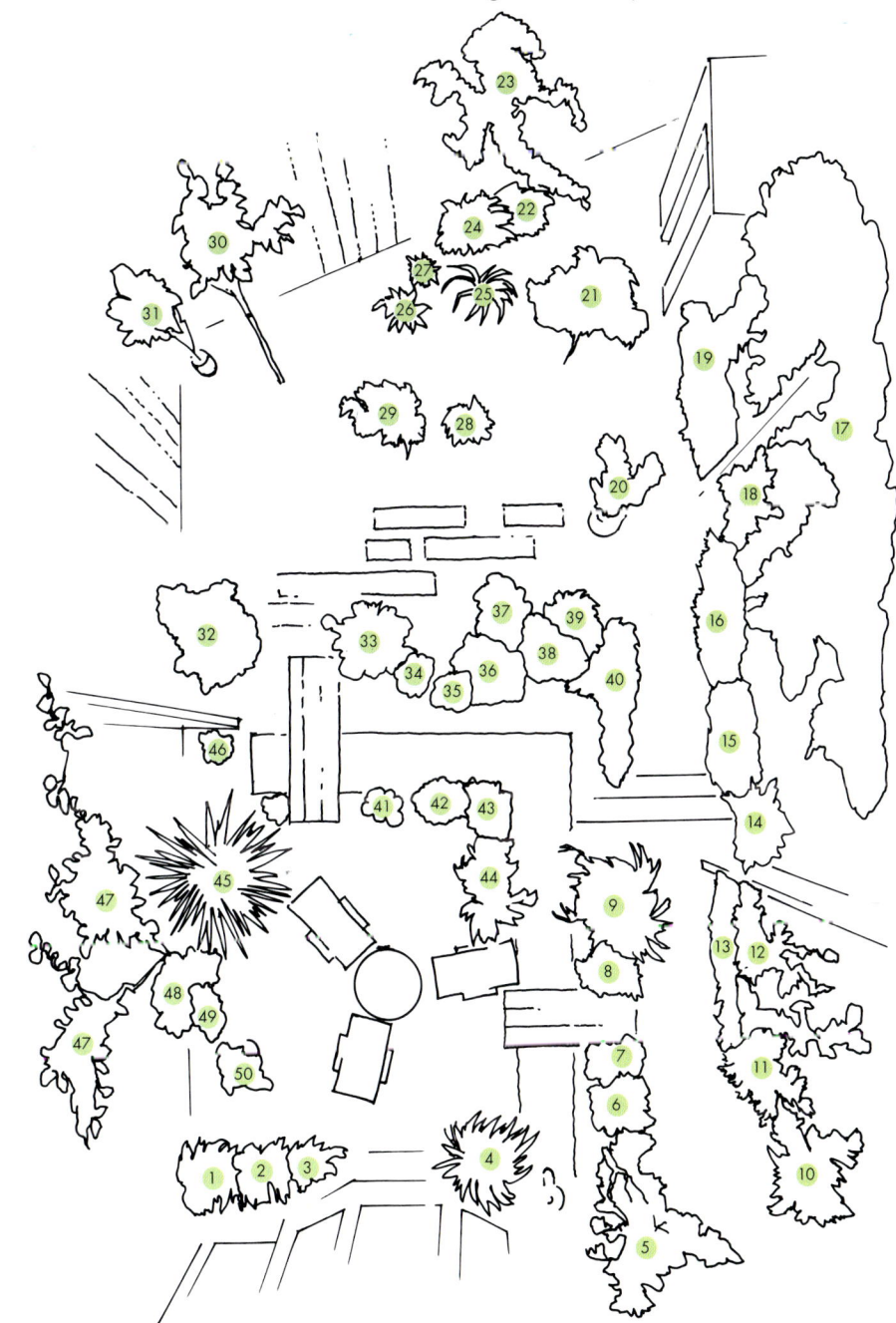

Hauptgestaltungselement sind hier der geometrische Grundriss und die vielen Materialien wie Holz, Ziegel, Kies und Stein, die verschiedene Muster bilden. Wasser, Licht und sorgfältig ausgewählte Pflanzen kontrastieren und ergänzen die geometrischen Muster. Nicht nur die verschiedenen Oberflächen verleihen jedem Bereich seinen ganz eigenen Charakter, sondern auch die Art ihres Entwurfes. Ziegelsteine, Holz und Kies sehen nass oder trocken immer ein wenig anders aus.

Durch die Einheit und das minimale Design können Materialien natürlich und harmonisch kombiniert werden, doch der Entwurf ermöglicht auch eine größere Vielfalt in kleinen Gärten. Die individuelle, strenge Gestaltung bietet Abgeschiedenheit und Frieden. Ohne überladen zu wirken, enthält er zahlreiche Elemente, die miteinander verknüpft sind und somit eine harmonische Einheit bilden.

Strenge Gestaltung mit auffälligem Boden ist eine Tradition fernöstlicher Gärten und wird hier außerordentlich effektvoll eingesetzt. Jede Pflanze und jedes Element ist sorgfältig ausgewählt und platziert, jedes Detail ist wichtig und ein Blickfang. Der Garten besitzt Dramatik, Charakter und Individualität.

ELEMENTE

Während Gärten westlicher Kulturen sich für eine entspannte Atmosphäre auf runde Verläufe konzentrieren, sind es in fernöstlichen Gärten geometrische Figuren in geordneten Arrangements, die Harmonie schaffen. In diesem Garten gibt es viele kleine Bereiche, von denen jeder einen Gegensatz zum benachbarten Teil bildet. Genauso wichtig wie die Elemente ist der Raum zwischen ihnen, und die Platzierung individueller Pflanzen und Gegenstände ist entscheidend für die Gesamtgestaltung.

Im Innenhof, wo sich nur einige Kübelpflanzen befinden, sind Ziegelsteine in einem symmetrischen Muster verlegt. Die Töpfe enthalten saisonale Pflanzen, und ein Neu-

seeländer Flachs (*Phormium* ›Dazzler‹) bildet einen Blickfang am Ende des Gartens. Über das L-förmige Wasserbecken um den Sitzplatz spannen sich zwei schlichte Holzbrücken, die Sie geschickt in einen anderen Bereich führen. Eine Pumpe leitet das Wasser in den Kanal, und durch eine Veränderung der Ebene entsteht ein kleiner Wasserfall. Das Wasser dient als eine Art Spiegel, der Bewegung und Licht reflektiert und in den Garten bringt.

Die Holzplanken in dem Kiesboden, die mit der Ziegelmauer und dem Zaun in verschiedenen geometrischen Formen kontrastieren, betonen das Zusammenspiel der Materialien. Der Kies ist weitgehend kahl bis auf

einige sorgfältig platzierte Pflanzen und das Bäumchen, der im Sommer Schatten spendet.

Holzlatten und eine Reihe Ziegelsteine im Kies verbinden diesen Bereich mit dem schattigen Teil daneben. Vor der Mauer befindet sich in einer überdachten Pergola eine kleine Laube. Einige Stufen führen in den nächsten schattigen Bereich, den die gleichen Ziegelsteine wie auf dem Innenhof bestimmen und gleichzeitig mit diesem verbinden. Eine weitere Holzbrücke führt zurück zum Sitzplatz, der die Einheit des Gartens komplettiert. Es gibt keine losen Enden: Alles ist miteinander verbunden, wodurch der Garten zu einer Oase des Friedens und der Harmonie wird.

Ein großer Bambus trägt zur fernöstlichen Atmosphäre bei, und eine schön geformte steinerne Statue ist der Komposition hinzugefügt.

Das Mobiliar beschränkt sich auf einen Tisch und Stühle auf dem geräumigen Innenhof und eine Bank in der Pergola.

PFLANZEN

Die schlichte Bepflanzung, sorgfältig gewählt und platziert, erhält das Ambiente, das der Bodenbelag schafft. Fernöstliches Flair bringen winterharte, aber exotisch wirkende Arten. Ein paar gut arrangierte, strenge, stachelige Pflanzen scheinen von weit her zu kommen.

Form und Gestalt sind bei den Pflanzen so wichtig wie bei den Möbeln. Ein einzelner Efeu am Zaun bildet einen hübschen grünen Hintergrund, aber die Wand aus Holz bleibt eher kahl, damit die Schönheit dieses Materials gewürdigt werden und es seine Kräfte sanft auf den Garten übertragen kann.

Kübelpflanzen bringen Grün dorthin, wo es benötigt wird, eine einzelne Topfpflanze auf einem quadratischen Stein an der Mauer ist ein kleiner Blickfang. Niedrige, von Kletterpflanzen gestützte Sträucher sorgen für Üppigkeit im schattigen Gartenbereich, und die rechteckigen Beete vor dem Zaun ergänzen die Formen der Brücken und Holzlatten.

LINKE SEITE: Der mit Kieseln gefüllte quadratische Stein in der Mitte dieses schlichten Wasserelementes ahmt die weichen Steine und die Platten auf der Kiesfläche nach.

LINKS: Holzplanken auf dem Kies schaffen einen Kontrast in Struktur, Farbe und Material. Niedrige, Teppiche bildende Pflanzen kriechen über den Rand des Holzes.

OBEN: Neuseeländer Flachs (*Phormium* ›Sundowner‹) und Bärenohr (*Arctotis* ›Flame‹), beides sehr auffallende Pflanzen, bilden zusammen einen erstaunlichen Blickfang.

TIPPS FÜR FERNÖSTLICHE GÄRTEN

- Laternen und Steinhaufen sind traditionelle Dekorationselemente, die man in Gartencentern und Spezialgeschäften bekommt und die eine authentische Atmosphäre schaffen.
- Verwenden Sie Pflanzen mit strengen Formen und stellen Sie sie um, bis Sie den besten Platz gefunden haben.
- Studieren Sie japanische Gärten anhand von Büchern und Zeitschriften und holen Sie sich hier Anregungen für Bepflanzung und dekorative Elemente.

DER GARTEN FÜR KINDER

Ein vertiefter Sandkasten, ein Spielhaus, Schaukel und Rutsche, Vogelhäuschen und Tränke – in diesem Garten gibt es viele sichere und praktische Elemente, mit denen sich Kinder stundenlang beschäftigen können. Ein Bereich, in dem sie Gemüse und Blumen ziehen dürfen, motiviert sie, sich als kleine Gärtner zu betätigen.

PFLANZSCHLÜSSEL

1 *Petroselinum crispum* (Petersilie)
2 *Origanum onites* (Oregano)
3 *Mentha spicata* (Ährenminze)
4 *Thymus vulgaris* (Gartenthymian)
5 *Allium schoenoprasum* (Schnittlauch)
6 *Salvia officinalis* (Gartensalbei)
7 *Fragaria* ›Ostara‹ (Erdbeere)
8 *Fragaria* ›Domanil‹ (Erdbeere)
9 *Clematis* ›Etoile Rose‹
10 *Clematis montana* var. *rubens* ›Tetrarose‹
    (Bergwaldrebe)
11 *Solanum crispum* (Nachtschatten)
12 *Ceanothus* x *delileanus* (Säckelblume)
13 *Syringa vulgaris* (Flieder)
14 *Fagus sylvatica* (Rotbuche)
15 *Pyrus communis* ›Onward‹ (Holzbirne)
16 *Prunus domestica* ›Anna Späth‹ (Hauspflaume)
17 *Malus domestica* ›Royal Gold‹ (Apfel)
18 *Lonicera periclymenum* (Waldgeißblatt)
19 *Buddleja globosa* (Schmetterlingsstrauch)
20 *Iberis sempervirens* (Immergrüne Schleifenblume)
21 *Lathyrus odorata* (Duftwicke)
22 *Helianthus annuus* (Sonnenblume)
23 *Tulipa* ›Purissima‹ (Tulpe)
24 *Tulipa* ›Page Polka‹ (Tulpe)
25 *Jasminum officinale* (Jasmin)
26 *Hydrangea anomala* ssp. *petiolaris* (Kletterhortensie)
27 *Actinidia kolomikta* (Kolomikta-Strahlengriffel)
28 *Lonicera fragrantissima* (Wohlriechende Hecken-
    kirsche)
29 *Erica arborea* var. *alpina* (Baumheide)
30 *Erica carnea* ›March Seedling‹ (Schneeheide)
31 *Erica carnea* ›December Red‹ (Schneeheide)
32 *Erica vagans* ›Fiddlestone‹ (Sommerheide)
33 *Calluna vulgaris* ›Finale‹ (Gewöhnliches Heidekraut)
34 *Calluna vulgaris* ›Oxshott Common‹ (Gewöhnliches
    Heidekraut)
35 *Erica cinerea* ›Purple Beauty‹ (Grauheide)
36 *Erica vagans* ›Saint Keverne‹ (Sommerheide)
37 *Jasminum nudiflorum* (Winterjasmin)

91

Praktisch, preiswert und sicher – das sind die vorrangigen Merkmale dieses Gartens für Kinder. Es ist wichtig, dass die Kleinen hier sicher sind und lernen, Freude an der Umwelt zu haben und sie zu respektieren. Dieser Garten eignet sich hervorragend für eine Familie mit Kindern; er ist so gestaltet, dass jeder sich willkommen fühlt und die ganze Familie eingeladen ist, sich hier zu entspannen, zu spielen und Spaß zu haben.

ELEMENTE

Der Garten enthält viele Elemente für Kinder und ist sicher und praktisch. Alles ist stabil, es gibt keine harten Kanten, aber viel Platz auf dem Rasen zum Spielen. Die Umzäunung bietet Sichtschutz und Sicherheit, Pflanzen und Sträucher bilden eine attraktive Umgebung.

Der Innenhof in der Nähe des Hauses hat einen stabilen Boden, auf dem die Kinder Rad

fahren, sitzen, ruhen oder spielen können. Der Sandkasten ist von einer 25 cm hohen Mauer umgeben, damit der Sand nicht fortgetragen wird, außerdem ist er so nah am Haus und Innenhof, dass die Kinder hier immer unter Aufsicht sind. Später, wenn sie größer sind, kann der Sandkasten problemlos in ein Wasserelement verwandelt werden, denn darunter befindet sich eine Grube, in der eine elektrische Pumpe für eine Fontäne Platz hat. Ein Becken samt Mauer ist hier schnell angelegt.

Der Innenhof ist mit einheitlichen quadratische Steinplatten in zwei kontrastierenden Farben gepflastert. Der Vorteil von Bodenplatten in regelmäßigem Muster ist, dass sich vier Platten später entfernen lassen, um eine Pergola als Sitzplatz für die Familie zu bauen, wenn die Kinder erwachsen sind und diesen Bereich nicht mehr für sich beanspruchen.

Die abschließbare Hütte neben dem Haus bietet Stauraum für Spielsachen und Gartengeräte, wenn man schnell aufräumen muss, weil Gäste kommen.

Schaukel und Rutsche sind vom Haus zu sehen, so dass man die Kinder immer im Auge haben kann, ohne ihre Freiheit einzuengen.

Die Trittsteine im Rasen sind so verlegt, dass er einfach zu mähen ist, und sie bieten Zugang, ohne dass man bei schlechtem Wetter zu oft über den Rasen muss. Die Wege vom Innenhof zum Spielhäuschen bestehen aus halbrunden, ineinander greifenden Pflastersteinen, die eine stabile Oberfläche bilden, auf der man Rad fahren kann. Das Spielhäuschen steht auf einem eigenen kleinen Grundstück und ist von einem grünen Lattenzaun umgeben, der den Kindern ein Gefühl von Privatspäre gibt, ohne sie den Blicken der Eltern zu entziehen. Es kann später einmal in einen nützlichen Gartenschuppen verwandelt werden.

Die Spielgeräte stehen auf Rindenmulch, der eine ziemlich sichere Oberfläche bietet und problemlos entfernt werden kann, wenn der Spielplatz nicht mehr benötigt wird. Dann lassen sich in diesem Bereich Rasen oder auch Rabatten anlegen.

Der Futterplatz und die Tränke locken die Vögel in den Garten, und die Kinder können Futter auslegen und alles sauber halten, damit die Tiere wiederkommen.

PFLANZEN

Die Hecke am Ende des Gartens zeigt mit wechselnden Farben den Lauf der Jahreszeiten und sieht besonders im Herbst reizvoll aus.

Unter den Bäumen kann das Gras etwas länger sein, abgesehen von einem gemähten Weg. Er führt nirgends hin, weckt aber die

Illusion, der Garten würde noch weitergehen, und ermöglicht das Betreten des Rasens, ohne Pflanzen und Tiere zu stören.

Nichts interessiert Kinder in ihrer Umgebung mehr als eigene Pflanzen anzubauen, sich schmutzig zu machen und dieselben Dinge zu tun wie die Erwachsenen auch. Der Garten der Kinder ist in der Nähe des Hauses, so dass Familie und Gäste die Arbeit der Kinder sofort sehen und anerkennen können. Wenn die Kinder einen eigenen Garten haben, werden sie andere Bereiche weitgehend in Ruhe lassen, so dass Sie ebenfalls gärtnern können. Eine leuchtende Wandmalerei hinter dem Garten signalisiert, dass es sich hier um das Reich der Kinder handelt. Jedes Frühjahr wachsen hier Zwiebelpflanzen, und die kleinen Gärtner können sogar Wildblumen aussäen, wenn sie möchten.

Ein paar Zwergobstbäume sind für Kinder interessant, denn hier können sie beobachten, wie die Früchte sich entwickeln, und sogar bei der Ernte helfen. Bei schönem Wetter sind Bäume auch ein idealer Picknickplatz.

Der Heidegarten an der Ecke ist einen Farbteppich und bringt eine andere Höhe der Bodendeckung.

LINKE SEITE: Ein Bereich mit einer lustigen Vogelscheuche, hohen Sonnenblumen und schnell reifenden Gemüsen und Blumen, in dem Kinder auf ihre Erfolge stolz sein werden.

OBEN: Spielgeräte müssen einen sicheren Untergrund haben, damit Kinder dort viele lustige Stunden verbringen können.

OBEN RECHTS: Sonnenblumen (*Helianthus annuus*), schnell wachsend und beeindruckend groß, sind die idealen Sommerblumen, die Kinder selber ziehen können.

TIPPS FÜR GÄRTEN FÜR KINDER

- Wählen Sie Pflanzen aus, die nicht giftig sind und eine Menge aushalten.
- Verwenden Sie eine Grasmischung für Gebrauchsrasen, den man häufig betreten und auf dem man spielen kann.
- Kaufen Sie die Gartenelemente in bester Qualität, damit sie lange halten.
- Beziehen Sie die Kinder in alle leichten Gartenarbeiten mit ein, damit die nächste Generation von Gartenliebhabern heranwächst.
- Wählen Sie leicht zu kultivierende Pflanzen wie Sonnenblume (*Helianthus annuus*) und Duftwicke (*Lathyris odoratus*) sowie Salat und Radieschen für das Gemüsebeet, damit die Kinder schnell Erfolgserlebnisse haben.
- Verwenden Sie in diesem Garten der Kinder gute Erde, damit sie erfolgreich gärtnern.

DER NATURGARTEN

Dieser einheitliche Garten bietet verschiedene Lebensräume, die alle Arten von Tieren anlocken, viel Platz für Gäste in dem geräumigen Sitzbereich und einfache Bänke, auf denen man sitzen und die Tiere, Vögel und Insekten beobachten kann, die sich hier heimisch fühlen.

PFLANZSCHLÜSSEL

1 *Ceanothus* ›Cascade‹ (Säckelblume)
2 *Lonicera japonica* (Japanisches Geißblatt)
3 *Actinidia kolomikta* (Kolomikta-Strahlengriffel)
4 *Mentha suaveolens* (Rundblättrige Minze)
5 *Rosmarinus officinalis* (Rosmarin)
6 *Salvia officinalis* (Gartensalbei)
7 *Lonicera fragrantissima* (Wohlriechende Heckenkirsche)
8 *Digitalis purpurea* (Purpurfingerhut)
9 *Calendula officinales* (Ringelblume)
10 *Eryngium alpinum* (Alpendistel)
11 *Allium schoenoprasum* (Schnittlauch)
12 *Viburnum* x *burkwoodii* (Osterschneeball)
13 *Veratrum album* (Weißer Germer)
14 *Platycodon grandiflorus* (Ballonglockenblume)
15 *Scabiosa caucasica* (Skabiose)
16 *Lythrum salicaria* (Blutweiderich)
17 *Campsis radicans* (Jasmintrompete)
18 *Onopordum acanthium* (Gewöhnliche Eselsdistel)
19 *Nepeta sibirica* ›Souvenir d'André Chaudron‹, Syn. *N.* ›Blue Beauty‹ (Katzenminze)
20 *Lavandula agustifolia* ›Munstead‹ (Echter Lavendel)
21 *Tagetes* Bonanza-Serie
22 *Pyracantha angustifolia* (Feuerdorn)
23 *Photinia* x *fraseri* ›Rubens‹, Syn. *P. glabra* ›Rubens‹ (Glanzmispel)
24 *Lavandula stoechas* ssp. *pedunculata*, Syn. *L. stoechas* ›Papillon‹ (Schopflavendel)
25 *Symphoricarpos albus* (Gewöhnliche Schneebeere)
26 *Philadelphus coronarius* (Bauernjasmin)
27 *Fagus sylvatica* (Rotbuche)
28 *Ligustrum ovalifolium* (Wintergrüner Liguster)
29 *Ilex aquifolium* (Stechpalme)
30 *Rosa* ›Paul's Scarlet Climber‹ (Rose)
31 *Rosa* ›Albertine‹ (Rose)
32 *Querus coccinea* (Scharlacheiche)
33 *Buddleja davidii* (Schmetterlingsstrauch)
34 *Urtica dioica* (Große Brennnessel)
35 *Nymphaea odorata*, Syn. *N.* ›Odorata Alba‹ (Seerose)
36 *Caltha palustris* (Sumpfdotterblume)
37 *Iris pdeudocorus* (Sumpfschwertlilie)
38 *Aponogeton distachyos* (Afrikanische Wasserähre)
39 *Mimulus cardinalis* (Gauklerblume)
40 *Typha latifolia* ›Variegata‹ (Breitblättriger Rohrkolben)
41 *Lobelia cardinalis* (Kardinalslobelie)
42 *Rodgersia aesculifolia* (Schaublatt)
43 *Osmunda regalis* (Königsfarn)
44 *Iris foetidissima* (Iris)
45 *Veronica gentianoides* (Enzianblättrige Veronika)
46 *Primula florindae* (Tibetprimel)
47 *Persicaria amplexicaulis*, Syn. *Polygonum amplexicaule* (Kerzenknöterich)

48 *Hemerocallis citrina* (Zitronengelbe Taglilie)
49 *Helleborus lividus* (Nieswurz)
50 *Euphorbia palustris* (Sumpfwolfsmilch)
51 *Digitalis ferruginea* (Rostroter Fingerhut)
52 *Agapanthus campanulatus* (Schmucklilie)
53 *Crocosmia masoniorum* (Hohe Montbretie)
54 *Geranium platypetalum* (Storchschnabel)
55 *Lonicera caprifolium* ›Praecox‹ (Jelängerjelieber)
56 *Clematis macropetala* (Klematis)
57 *Rosa* ›Chaplin's Pink Climber‹
58 *Berberis darwinii* (Berberitze)
59 *Narcissus tazetta* (Tazette)
60 *Narcissus* ›Peeping Tom‹ (Narzisse)

61 *Hyacinthoides hispanica* (Spanisches Hasenglöckchen)
62 *Crocus pulchellus* (Herbstkrokus)
63 *Crocus vernus* ›Pickwick‹ (Italienischer Krokus)
64 *Anemone coronaria* (Kronenanemone)
65 *Ornithogalum umbellatum* (Doldiger Milchstern)
66 *Leucojum aestivum* ›Gravetya Giant‹ (Sommerknotenblume)
67 *Fritillaria meleagris* (Schachbrettblume)
68 gemischte Wildblumen

59–67 und 68 sind im Wiesenbereich aufs Geratewohl verteilt

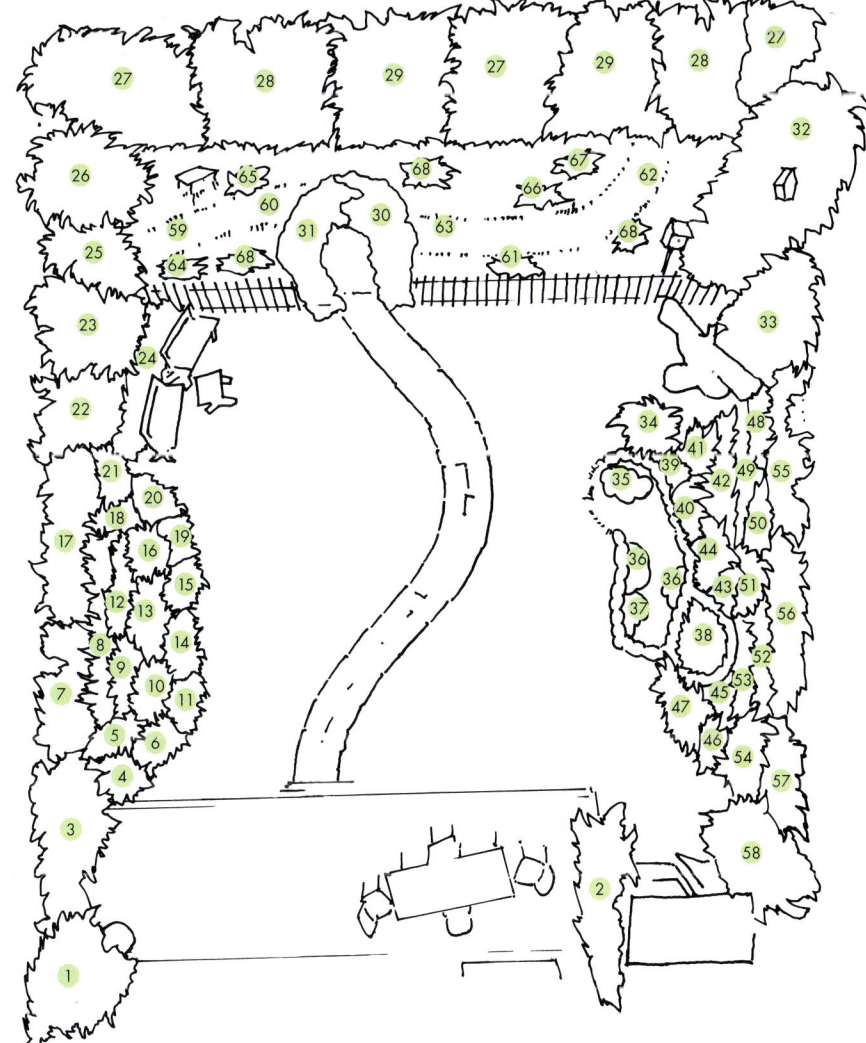

Der eigentliche Sitz- und Aufenthaltsbereich ist eine große Fläche mit Holzdeck direkt am Haus. Hier stehen Sommerblumen in großen Holzkübeln, die man zu jeder Jahreszeit austauschen kann. Mit dem geräumigen Sitzbereich aus natürlichen Materialien bleibt die Anwesenheit der Bewohner im Rest des Gartens fast unbemerkt, so dass die Tiere nach Belieben kommen und gehen können. Ein Pfad aus Rundhölzern führt über den Rasen zu einem Bogen, der mit zahlreichen Kletterpflanzen bewachsen ist und den Zugang zur Wildwiese bildet.

Das Hochbeet mit Pflanzen, die Vögel und Insekten anlocken, ist von Rundhölzern eingefasst und rückt die Blumen in Augenhöhe. Vor zwei Bäumchen stehen die beiden schlichten Holzbänke, auf denen man sitzen kann, um sich zu entspannen und den Garten zu genießen. Von hier ist auch der Teich gut zu sehen, so dass Sie nicht so nahe heranzugehen brauchen und dabei die Tiere stören.

Die beste Methode, Zahl und Vielfalt der Tierarten im Garten zu vergrößern, ist das Anlegen eines Teiches und eines Sumpfgartens. Der Teich bringt das lebensnotwendige Wasser, das Sumpfbeet bietet den Teichgästen Schutz und Nahrung in Form von Schnecken etc. Der Wassergarten muss nicht kompliziert sein. Hier ist es ein natürlich aussehender kleiner Teich, in dessen vorderem Bereich die Teichfolie noch eine flache Mulde bedeckt, in der der Sumpfgarten angelegt ist. Ein Teich ist Voraussetzung für Tiere, die sich ungern von schützenden Pflanzen entfernen. Zahlreiche Tiere wie Kröten, Frösche, Igel und Wühlmäuse wollen zwar ans Wasser gelangen können, freuen sich aber auch über die Nähe von Blättern und Stängeln. Ein flacher Uferbereich ermöglicht den Tieren zu trinken, ohne ins Wasser zu fallen wie bei einem steilwandigen Teich.

Die Brennnesseln sind ein geeigneter Lebensraum für die Raupen verschiedener Schmetterlingsarten, und ein Holzhaufen kann Igeln, kleinen Nagern und vielleicht sogar der Ringelnatter ein Zuhause bieten.

Dieser Garten bringt Kraft, Farben und die heitere Ruhe der Natur bis vor die Haustür. Er umfasst verschiedene Lebensräume und bietet unterschiedliche Möglichkeiten, um eine Reihe von wild lebenden Tieren anzulocken. Vielfalt, Duft und Farbe gefallen dem Gärtner und den Tieren. Dieses Paradies, in dem den ganzen Sommer lang die Insekten umherschwirren, ist das ganze Jahr lang ein friedlicher, einladender Ort.

ELEMENTE

Der Boden besteht hauptsächlich aus Holz, was die Ränder weicher macht und der Natur erlaubt, in jeden Bereich vorzudringen.

PFLANZEN

Wer wild lebende Tiere anlocken will, darf der Natur nicht durch Einsatz chemischer Mittel schaden. Bestimmte Begleitpflanzen können ebenso Schädlinge abwehren. So zieht Tagetes Schwebfliegen an, die die Blattläuse mit ihrer Vorliebe für junge Pflanzentriebe fressen. Manche Blumen faszinieren doppelt: die hübschen Blüten der *Iris foetidissima* etwa bilden nach dem Verblühen Samenstände, die dann aufplatzen und leuchtend rote Beeren hervorbringen, die Tieren gut schmecken.

Obwohl schon die Pflanzen Vögel anziehen, sollen hier noch zwei Vogelhäuschen weitere gefiederte Gäste anlocken, die Schädlinge wie Schnecken und einige Insekten fres-

sen. Eine große Vielfalt an wild lebenden Tieren ist sehr hilfreich bei der Schädlingskontrolle, denn zum Glück es gibt mehr nützliche als schädliche Lebewesen.

Die Wiese hinter dem Bogen wird zweimal im Jahr gemäht und ist mit Wildblumen bepflanzt, die im Frühjahr und Spätsommer blühen. Sie locken viele Insekten und kleine Tiere an, die sich von ihnen und den Grassamen ernähren. Auf zwei gemähten Pfaden ist dieser Bereich zugänglich.

Auch die einzelne Scharlacheiche (*Quercus coccinea*) zieht Lebewesen an. Viele Eichen können über 300 Arten kleiner Säugetiere, Vögel und Insekten ernähren und sind damit die Favoriten für den Naturgarten. Nistkästen ziehen weitere Arten an, die dann helfen, die Zahl schädlicher Insekten gering zu halten.

Die breite Rabatte mit den Sträuchern an der Ecke bietet Vögeln Schutz und Nahrung und ist ein üppiger grüner Hintergrund; an dem Spalier wachsen Kletterpflanzen. Die Berberitze (*Berberis darwinii* ›Flame‹) lockt mit ihren Beeren im Herbst Vögel an, und das Vogelhäuschen versorgt diese, aber auch Eichhörnchen, mit Nahrung, wenn es kalt ist.

TIPPS FÜR NATURGÄRTEN

- Pflanzen mit Beeren oder Früchten locken Vögel und kleine Tiere an.
- Lassen Sie einzelne Bereiche wie einen Holzstapel oder eine Wiese so ungestört wie möglich, damit Tiere sich dort sicher fühlen.
- Bepflanzen Sie Beete und Wiesen mit Zwiebelgewächsen, die im Spätwinter und Frühjahr Farbe in den Garten bringen.
- Kontrollieren und reinigen Sie die Vogel- und Fledermauskästen, wenn sie unbewohnt sind, damit sich keine Schädlinge ansiedeln können.
- Sorgen Sie im Winter dafür, dass Teiche eisfrei bleiben, so dass die Vögel immer sauberes Wasser haben.
- Lassen Sie an Spalieren eine Mischung aus immergrünen und blühenden Kletterpflanzen ranken, damit das ganze Jahr eine große Vielfalt herrscht.
- Wählen Sie für den Teichrand Pflanzen aus, die nacheinander blühen, damit die Wasserstelle für Insekten immer attraktiv bleibt.

LINKE SEITE: Ein gemähter Graspfad führt durch eine Wiese mit vielen verschiedenen Wildblumen und -gräsern.

OBEN LINKS: Ein sorgfältig platziertes Vogelhäuschen lockt Vögel zum Nisten in den Garten, auch wenn es einige Jahre dauern kann, bis sie sich entschließen, es zu benutzen.

OBEN: Dieser kleine Teich mit Wasserfall ist von üppigen Pflanzen wie Mammutblatt (*Gunnera manicata*), Prachtspiere (Astilbe), Mohn und Seggen umgeben.

DER FORMALE DACHGARTEN

Wasserbecken, Bodenplatten, Pergola und Pflanzen – diese vier Elemente verwandeln eine wenig aufregende Ecke auf dem Dach in einen hübschen Garten. Sogar der Schornstein ist in die Gestaltung mit einbezogen.

PFLANZSCHLÜSSEL

1   *Wisteria sinensis* (Chinesische Glyzine)
2   *Clematis* ›Nelly Moser‹
3   *Lysimachia nummularia* (Pfennigkraut)
4   *Hemerocallis* ›Tobacco Road‹ (Taglilie)
5   *Heliotropium* ›Marine‹ (Heliotrop)
6   *Fuchsia* ›Herald‹
7   *Solenostemon* ›Royal Scot‹ (Buntnessel)
8   *Solanum capsicastrum* (Nachtschatten)
9   *Hypericum calycinum* (Immergrünes Johanniskraut)
10 *Potentilla* ›Etna‹ (Fingerkraut)
11 *Calamintha nepeta* (Bergminze)
12 *Brunnera macrophylla* (Kaukasus-Vergissmeinnicht)
13 *Phyllostachys nigra* (Schwarzrohrbambus)
14 *Dicentra* ›Adrian Bloom‹ (Herzblume)
15 *Gypsophila paniculata* ›Compacta Plena‹ (Riesen-schleierkraut)
16 *Caryopteris* x *clandonensis* (Bartblume)
17 *Lonicera periclymenum* ›Serotina‹ (Waldgeißblatt)
18 *Phalaris arundinacea* var. *picta* ›Feesy‹ (Rohrglanzgras)
19 *Cistus* x *pulverulentus* ›Sunset‹, Syn. *C. crispus* ›Sunset‹ (Zistrose)
20 *Hibiscus syriacus* ›Woodbridge‹ (Roseneibisch)
21 *Buddleja davidii* ›Empire Blue‹ (Schmetterlingsstrauch)
22 *Luzula sylvatica* ›Aurea‹ (Hainsimse)
23 *Dianthus* ›White Ladies‹ (Nelke)
24 *Astilbe* x *crispa* ›Perkeo‹ (Prachtspiere)
25 *Iris* ›Gordon‹
26 *Hosta* ›Yellow River‹ (Funkie)
27 *Galega orientalis* (Geißraute)
28 *Helenium* ›Moerheim Beauty‹
29 *Dianthus* ›Brympton Red‹ (Nelke)
30 *Spartium junceum* (Binsenginster)
31 *Scabiosa graminifolia* (Skabiose)
32 *Centaurea hypoleuca* (Flockenblume)
33 *Lavandula angustifolia* (Lavendel)
34 *Rosa* ›Cécile Brünner‹ (Rose)
35 *Nepeta racemosa* ›Little Titch‹ (Katzenminze)

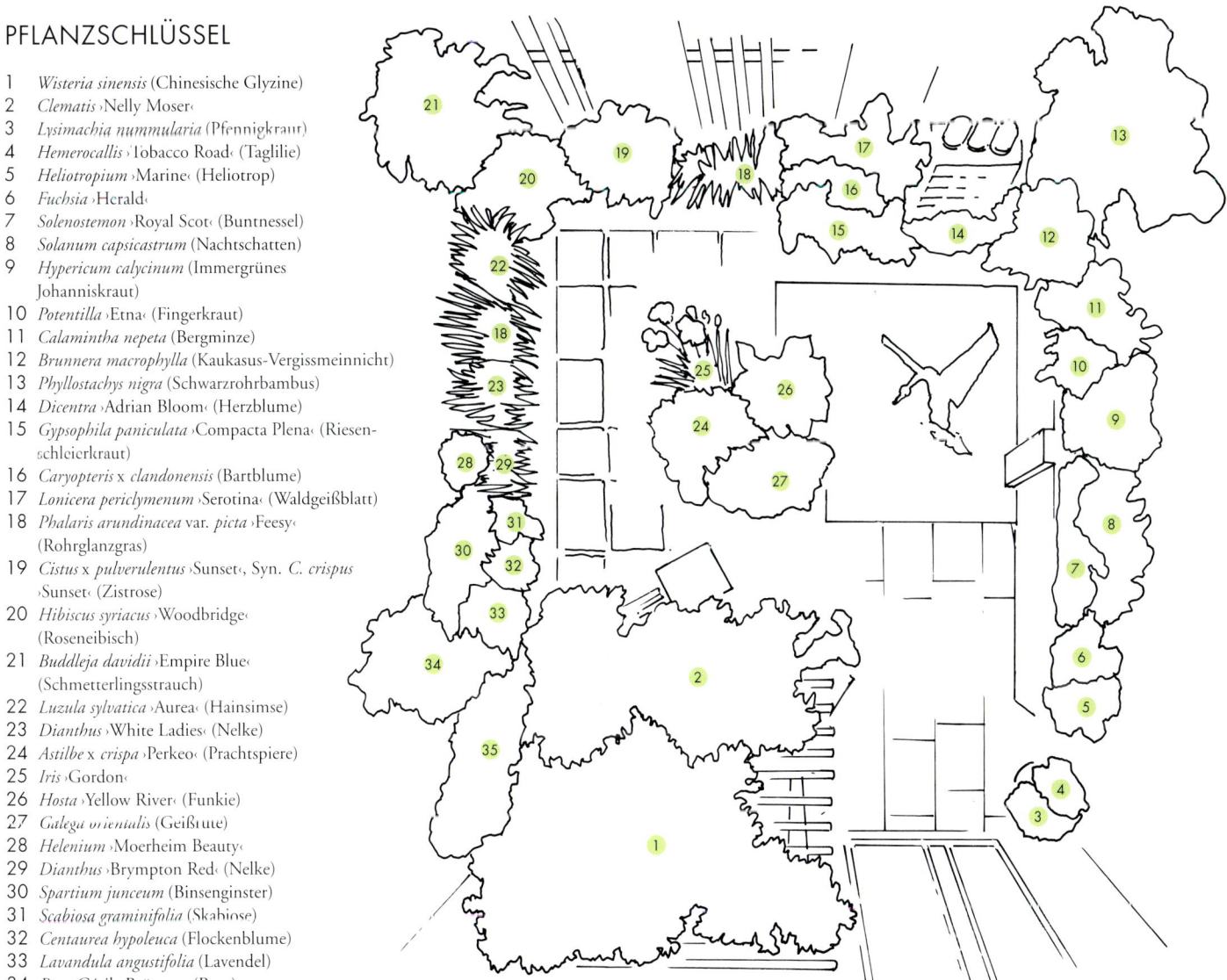

Dieser Dachgarten, der den Großteil einer kleinen sonnigen Fläche einnimmt, trägt den Gartenliebhaber in den Himmel empor. Die Ecke, eigentlich düster und langweilig, ist jetzt ein wunderschöner, ruhiger Garten fern der geschäftigen Straßen, zum Zurückziehen, Entspannen und Unterhalten.

Wegen der sonnigen, hellen Lage ist ein Dachgarten der ideale Platz für Pflanzen, die sonst schwer zu kultivieren sind. Bei genügend Windschutz können Sie eine größere Vielfalt an Pflanzen ziehen, als Sie denken.

Wichtige Grundsätze, die für Dachgärten gelten, lassen sich ebenso auf Balkon und Terrasse anwenden.

ELEMENTE

Einer der wichtigsten Aspekte bei der Gestaltung eines Dachgartens ist das Gewicht: Beete mit feuchter Erde, ein kleines Wasserbecken und andere Elemente wiegen enorm viel. Lassen Sie also zunächst die Statik prüfen, bevor Sie anfangen. Bei diesem besonderen Entwurf sind Bepflanzung und Strukturen mehr an den Seiten angeordnet, was bedeutet, dass das meiste Gewicht auf den tragenden Elementen des Gebäudes lastet. Aber ein Statiker wird mögliche Probleme erkennen.

Die verwendeten Materialien verbinden Haus und Garten und machen diesen zu einer Erweiterung des Wohnraums.

Die einheitlichen rechteckigen Bodenplatten sind schlicht und in einfachen Reihen verlegt. Die Bepflanzung beschränkt sich weitgehend auf die Hochbeete, die aus den gleichen Platten bestehen, um den Eindruck von Geräumigkeit nicht zu beeinträchtigen, der entsteht, weil der Hauptbereich frei gelassen ist. Die Hochbeete bilden auch niedrige Mauern an den beiden Seiten des Gartens und bieten zusätzlich Schutz und Abgeschiedenheit. Wenn Bodenplatten für Ihr Dach zu schwer sind, ziehen Sie als Bodenbelag künstlichen Rasen in Betracht. Er ist viel leichter und würde für eine einheitliche Farbe sorgen.

Die geschickte Einbeziehung des Schornsteins als Blickfang ist eine glänzende Idee und macht eine Verkleidung überflüssig, die Platz brauchen würde. Bei einem begrenzten Raum wie diesem sollte jedes Element, das nicht zu unansehnlich ist, in die Gestaltung einbezogen werden. Der Schornstein selbst rückt die Hochbeete nach innen und ist ein stilvoller Hintergrund für das Becken.

Die Hochbeete und der Lattenzaun schaffen reichlich Platz für Bepflanzung. Die Latten stehen weit auseinander und lassen viel Licht durch, während sie die vormals offene Seite des Gartens umgeben. Außerdem verdecken sie eine unschöne Aussicht, definieren die Grenze und harmonieren mit den Ziegelsteinen des Kamins. Der Vorteil eines Lattenzauns besteht darin, dass er abschirmt und gewissen Schutz gegen das Wetter bietet, ohne wuchtig zu wirken.

Eine Pergola aus Holzlatten, ähnlich denen des Zauns, sorgt für Schatten und ist von blühenden Kletterpflanzen bewachsen. Das Spalier an der Mauer und ein Pflanzloch ermöglichen, Kletterpflanzen daran und darüber wachsen zu lassen, wobei ein privater, schattiger Platz für Mußestunden entsteht. Die schlichten Möbel bringen mehr Holz in den Garten, das den Zaun und die Pergola widerspiegelt und Wärme und ein Gefühl von Natur vermittelt.

In der großen ruhigen Wasserfläche des formalen, sanft plätschernden Teiches spiegeln sich der Himmel und die Wolken. Lichtreflexe an der Oberfläche bringen Bewegung und Farbveränderung. Die elegante Statue sorgt für Dramatik und Stil, ohne den Garten zu beherrschen. Der Vogel im Becken ist sorgfältig und wohlüberlegt ausgewählt und soll ein Gefühl von Freiheit und Kraft andeuten. Die kleine Fontäne sorgt zusätzlich für Bewegung und lässt kleine Wellen auf dem Wasser entstehen.

Um optimalen Gebrauch von dem Garten machen zu können, sollte man für Beleuchtung sorgen. Für eine kleine Fläche reicht ein einfaches System aus, das aber sofort wirksam wäre, um den Bereich die meiste Zeit des Jahres nutzen zu können. Ein Licht im Teich würde die Statue schön hervorheben und das Wasser erhellen; das Wechselspiel von Licht und Wasser im Dunkeln ist faszinierend. Außerdem wird der Dachgarten durch das Licht auch nachts zu einem sicheren Platz.

Wenn man eine Bewässerungsanlage installieren möchte, damit die Pflanzen ohne tägliches Gießen genug Wasser bekommen, muss gewährleistet sein, dass überschüssiges Wasser versickert und nicht auf den Boden gelangt.

PFLANZEN

Da sich die Bepflanzung weitgehend auf den Rand beschränkt, entsteht in der Mitte eine Art Raum. Die Pflanzen sind aber auch wichtig für den Schutz vor den Elementen, und sie unterbrechen die strengen Linien der Mauern. Die Vielfalt an Blättern sorgt für ein üppiges Grün, das in der Regel nur ein Rasen bietet.

Die weitgehend immergrünen Sträucher sehen das ganze Jahr über interessant aus und sind mit einigen duftenden Pflanzen durchsetzt, die lange blühen und eine entspannte Atmosphäre schaffen.

Pflanzen mit schlanken, aufrechten Formen steigern den formalen Eindruck dieses Gartens, und ein ungewöhnlicher Schmetterlingsstrauch (*Buddleja davidii* ›Empire Blue‹) sieht hier sehr dekorativ aus. Pflanzen mit grasähnlichen Blättern wie Hainsimse (*Luzula sylvatica* ›Aurea‹) und Rohrglanzgras (*Phalaris arundinacea* var. *picta* ›Feesy‹) tragen zum Gesamteindruck bei und geben sanft die Farben von Wasser und Himmel wieder. Windfeste Gewächse bieten das ganze Jahr einen schönen Anblick, und es gibt mehr Arten als Sie glauben, die in der sonnigen, windigen Lage auf dem Dach gedeihen.

LINKE SEITE: Wenn man bei der Planung die Tragfähigkeit des Daches berücksichtigt, kann ein Dachgarten ähnliche Elemente und üppige Pflanzen enthalten wie ein normaler Garten auch.

OBEN LINKS: Gestützt von einem Zaun oder Spalier kann *Helenium* ›Moerheim Beauty‹ als auffälliges Element eines formalen Dachgartens dienen.

OBEN: Auf einem Dachgarten wachsen Pflanzen aller Formen und Größen, einschließlich Kletterpflanzen, in großen Töpfen, um den Raum nach oben optimal zu nutzen.

TIPPS FÜR FORMALE DACHGÄRTEN

- Lassen Sie überprüfen, ob die Konstruktion des Gebäudes stabil genug ist, um Ihren Entwurf zu tragen, und ziehen Sie eventuell leichtere Alternativen in Betracht wie Kunstrasen statt Bodenplatten, Kunststoff- statt Terrakottagefäße und Substrate aus anderen Materialien als Erde.
- Der mittlere Bereich sollte nicht vollgestopft und immer ordentlich sein.
- Verwenden Sie eine oder zwei strategisch gut platzierte Kübelpflanzen, um den Blick auf ganz besondere Bereiche des Gartens zu ziehen.
- Sollte Wind ein Problem sein, bespannen Sie den Zaun mit einem Netz, das viel Wind abhält.

DER NATÜRLICHE DACHGARTEN

Diese kleine, düstere Fläche auf dem Dach wurde durch einen Bodenbelag mit Schachbrettmuster, Töpfe mit bunten Blumen und einen oder zwei Bäume, die die schöne Aussicht auf den Wald dahinter bewahren, ganz einfach in einen reizvollen Außenbereich verwandelt.

PFLANZSCHLÜSSEL

1 *Magnolia liliiflora* ›Nigra‹ (Purpurmagnolie)
2 *Viburnum plicatum* ›Mariesii‹, Syn. *V. mariesii* (Japanischer Schneeball)
3 *Begonia* ›Azotus‹ (Begonie)
4 *Tropeolum majus* ›Tom Thumb‹ (Große Kapuzinerkresse)
5 *Pelargonium* ›Sandra Haynes‹ (Geranie)
6 *Hacquetia epipactis* (Schaftdolde)
7 *Lysimachia nummularia* ›Aurea‹ (Pfennigkraut)
8 *Epimedium* x *rubrum* (Elfenblume)
9 *Pelargonium* ›Orange Appeal‹
10 *Potentilla fruticosa* ›Golden Drop‹, Syn. *P. fruticosa* ›Farreri‹ (Fingerkraut)
11 *Hedera helix* ›Goldchild‹, Syn. *H. helix* ›Gold Harald‹ (Efeu)
12 *Camellia* ›Royalty‹ (Kamelie)
13 *Lavandula agustifolia* ›Twickel Purple‹ (Echter Lavendel)
14 *Tulipa* ›Apeldoorn‹ (Tulpe)
15 *Hacquetia epipactis*
16 *Pelargonium* ›Rica‹
17 *Hedera helix* ›Helena‹ (Efeu)
18 *Achimenes* ›Peach Blossom‹ (Schiefteller)
19 *Calceolaria integrifolia* ›Golden Bunch‹ (Pantoffelblume)

20 *Leucanthemum* x *superbum* (Gartenmargerite)
21 *Houttuynia cordata* ›Chamaeleon‹ (Herzblättriger Eidechsenschwanz)
22 *Campanula carpatica* var. *turbinata* (Karpaten-Glockenblume)
23 *Hebe ochracea* ›James Stirling‹, Syn. *H.* ›James Stirling‹ (Strauchveronika)
24 *Lithodora oleifolia*, Syn. *Lithospermum oleifolium* (Steinsame)
25 *Vinca minor* ›Atropurpurea‹, Syn. *V. minor* ›Purpurea‹, *V. minor* ›Rubra‹ (Kleines Immergrün)
26 *Fuchsia* ›Garden News‹ (Fuchsie)
27 *Peperomia caperata* ›Luna Red‹ (Gerunzelte Peperomie)
28 *Daphne laureola* ssp. *philippi* (Lorbeerseidelbast)
29 *Salvia officinalis* (Gartensalbei)
30 *Alchemilla mollis* (Frauenmantel)
31 *Astrantia major* (Große Sterndolde)
32 *Spiraea japonica* ›Goldflame‹ (Spierstrauch)
33 *Pelargonium* ›Spellbound‹
34 *Petunia* Mirage-Serie ›Mirage Lavender‹ (Petunie)
35 *Glyceria maxima* (Wasserschwaden)
36 *Hakonechloa macra* ›Aurola‹ (Japanisches Berggras)
37 *Crocus* x *luteus* ›Golden Yellow‹, Syn. *C.* ›Dutch Yellow‹ (Krokus)

38 *Begonia* ›Ruhrtal‹
39 *Beta vulgaris* ssp. *cicla* ›Vulkan‹ (Mangold)
40 *Pentas* ›California Pink‹
41 *Geranium sanguineum* (Blutstorchschnabel)
42 *Gerbera jamesonii*
43 *Griselinia littoralis* ›Dixon's Cream‹

Wie belebt man einen kleinen schattigen Bereich aus grauem Beton und mit niedrigen Mauern, ohne die interessante Aussicht der Bäume und des Waldes dahinter zu verdecken? Die Antwort lautet: Entwerfen Sie den Garten so, dass er zu einem Teil seiner Umgebung wird. Das Heranrücken der umgebenden Landschaft macht den eintönigen Beton lebendiger, und auf dem Boden in freundlichem Schachbrettmuster kommen Gefäße und Pflanzen gut zur Geltung. Sie stehen überwiegend nah am Rand, so dass sie dem strengen Muster keine Konkurrenz machen. Es findet ein ständiges Wechselspiel zwischen den Elementen im Garten und außerhalb statt. Schlichtheit und kühne Muster kennzeichnen den Entwurf. Das Ganze hat viel Charakter, ist sehr individuell, und die sorgfältige Planung lässt den Garten entspannt und natürlich erscheinen.

Er befindet sich auf einem Dach, das nicht für schwere Gewichte konstruiert ist, deshalb stehen die Pflanzen am äußeren Rand bei der ausreichend stabilen Brüstung.

ELEMENTE

Die Strenge dieses schlichten und leicht zu erhaltenden Designs ist besonders auf den auffallenden schwarzweißen Boden zurückzuführen. Sicht- und Windschutz sind an diesem geschützten Ort kein Problem, so dass außer den Urnen keine weiteren Vorrichtungen hierfür nötig sind. In der Mitte der Fläche befinden sich keine Pflanzen, teils wegen des Gewichts, teils weil der Boden attraktiv genug ist und keine zusätzliche Dekoration braucht. Das Geländer ist hoch genug, um den Pflanzen Schutz zu bieten und niedrig genug, um einen Blick auf die umgebenden Bäumen zu erlauben; die Bepflanzung am äußeren Rand lenkt den Blick nach draußen zu den Baumkronen und in den Himmel.

Eine Erhöhung des Geländers in Form eines Spaliers wird nicht benötigt, weil hier keine kleinen Kinder spielen. Das Vogelhäuschen bringt zusätzlich Höhe und schafft eine

Verbindung zwischen den Ästen der umgebenden Bäume und dem Garten.

Zwanglose Möbel – eine weiße Liege, Stühle und ein Tisch – betonen die Entspanntheit dieses leicht schattigen Ortes. Sie harmonieren mit dem Muster des Bodens, ohne aber die Aufmerksamkeit von ihm abzulenken.

PFLANZEN

Die Gefäße bestehen alle aus leichten Materialien, um das Dach nicht zu sehr zu belasten.

Der Mangel an Bepflanzung und Farbenvielfalt im mittleren Bereich wird durch die zahlreichen Kübelpflanzen mit bunten Blumen am Rand mehr als ausgeglichen. Die Kästen sind am Geländer befestigt, um zusätzliches Gewicht nur da anzubringen, wo bereits eine Stütze vorhanden ist.

In den Trögen an der Mauer sind Frühlings- und Sommerblüher ins rechte Licht gerückt, und durch die zufällige Verteilung der Töpfe, die die Pflanzen näher ans Haus rücken, entsteht ein sehr natürlicher Eindruck. Die beiden großen Urnen an den Ecken des Geländers bringen Höhe in die sonst flache Struktur und führen den Blick nach oben.

Es wurden Pflanzen ausgewählt, die halbschattige Bedingungen mögen, und Stauden wie die hängende Pelargonie (*Pelargonium* ›Orange Appeal‹) bringen nicht nur leuchtende Farben an die Mauer, sondern lassen sie durch

ihr herabfallendes Laub auch weicher erscheinen. Zusätzliche Farbtupfer bringen *Gerbera jamesonii* und Begonien (*Begonia* ›Ruhrtal‹).

Die Bäume außerhalb des Gartens werden in Miniatur-Form von zwei kleinen Exemplaren, *Griselinia littoralis* ›Dixon's Cream‹ und

Magnolia liliiflora ›Nigra‹, innerhalb des Dachgartens wiedergegeben; sie wachsen in großen Kübeln, die einander gegenüberliegend platziert sind. *Griselinia* hat wunderschönes grüngoldenes Laub und bietet einen guten Schutz gegen Wind.

TIPPS FÜR NATÜRLICHE DACHGÄRTEN

- Achten Sie darauf, dass Gefäße und Blumenkästen sicher angebracht sind.
- Verwenden Sie leichte Substrate ohne oder mit wenig Gartenerde.
- Stellen Sie große Gefäße auf Laufrollen, damit sie auf dem Boden keine Abdrücke hinterlassen und leichter zu bewegen sind.
- Verteilen Sie in der Bepflanzung hier und da leuchtende Farbtupfer, damit der allgemeine Eindruck nicht eher formal wird.
- Verzichten Sie auf Strukturen, die die Sicht auf den Himmel versperren.

LINKE SEITE: Die Bepflanzung in der Ecke dieses natürlichen Dachgartens ist nicht höher als die Brüstung, um die Aussicht nicht zu versperren.

OBEN: Der Schachbrett-Boden ist in der Mitte ganz frei, die Kübelpflanzen stehen am Rand und direkt am Geländer. Durch die niedrige Bepflanzung sind auch die Bäume hinter dem Garten gut zu sehen.

DER TOPFGARTEN

In diesem Gärtchen liegt die Betonung auf den Pflanzen – sie bringen all die Farben, Strukturen, ohne zusätzliche Elemente und Bodenmaterialien. Wände und Boden sind absichtlich schlicht, um nur die Pflanzen sprechen zu lassen.

PFLANZSCHLÜSSEL

1 *Pelargonium* ›Voodoo‹ (Geranie)
2 *Narcissus* ›Tonga‹ (Narzisse)
3 *Hedera helix* ›Cathedral Wall‹ (Efeu)
4 *Allamanda cathartica* ›Hendersonii‹ (Goldtrompete)
5 *Myosotis sylvatica* Viktoria-Serie ›Victoria Rose‹ (Vergissmeinnicht)
6 *Acaena microphylla* ›Kupferteppich‹ (Stachelnüsschen)
7 *Zantedeschia aethiopica* (Zimmerkalla)
8 *Beaumontia grandiflora*
9 *Polystichum setiferum* Dahlem-Gruppe (Weicher Schildfarn)
10 *Origanum laevigatum* ›Hopley's‹ (Dost)
11 *Allium* ›Globemaster‹ (Zierlauch)
12 *Oxalis enneaphylla* ›Rosea‹ (Sauerklee)
13 *Brachyscome aculeata*
14 *Papaver dubium* (Mohn)
15 *Osteospermum* ›Nairobi Purple‹ (Steinsame)
16 *Hydrangea* (Hortensie)
17 *Paphiopedilum bellatum* (Frauenschuh)
18 *Fuchsia megellanica* ›Versicolor‹ (Fuchsie)
19 *Anemone blanda* ›Charmer‹ (Anemone)
20 *Rhododendron* ›Anna Baldsiefen‹
21 *Euonymus fortunei* ›Silver Queen‹ (Kriechspindel)
22 *Oplismenus africanus*
23 *Nertera granadensis* (Korallenmoos)
24 *Paeonia suffruticosa* ›Hana-kisoi‹ (Baumpäonie)
25 *Onoclea sensibilis* (Perlfarn)
26 *Laurus azorica* (Lorbeerbaum)
27 *Clematis* ›Horn of Planty‹
28 *Eremurus* ›Himrob‹ (Steppenkerze)
29 *Allium schoenoprasum* (Schnittlauch)
30 *Delphinium* ›Rosemary Brock‹ (Rittersporn)
31 *Artemisia ludoviciana* ›Valerie Finnis‹ (Weißer Beifuß)
32 *Hedera canariensis* ›Gloire de Marengo‹ (Efeu)
33 *Erigeron* ›Dimity‹ (Berufskraut)
34 *Dryopteris filix-mas* ›Crispa‹ (Gemeiner Wurmfarn)
35 *Hosta* ›Summer Fragrance‹ (Funkie)
36 *Geranium x riversleaianum* ›Mavis Simpson‹ (Storchschnabel)
37 *Osmanthus heterophyllus* ›Aureomarginatus‹ (Stachelblättrige Duftblüte)
38 *Gentiana veitschiorum* (Enzian)
39 *Buxus sempervirens* ›Marginata‹ (Buchsbaum)
40 *Parthenocissus tricuspidata* ›Lowii‹ (Dreispitzige Jungfernrebe)
41 *Eriobotrya japonica* (Japanische Mispel)
42 *Buddleja davidii* ›White Profusion‹ (Schmetterlingsstrauch)
43 *Oenothera biennis* (Gemeine Nachtkerze)
44 *Bougainvillea x buttiana* ›Killie Campbell‹
45 *Lupinus texensis* (Lupine)
46 *Melittis melissophyllum* (Immenblatt)

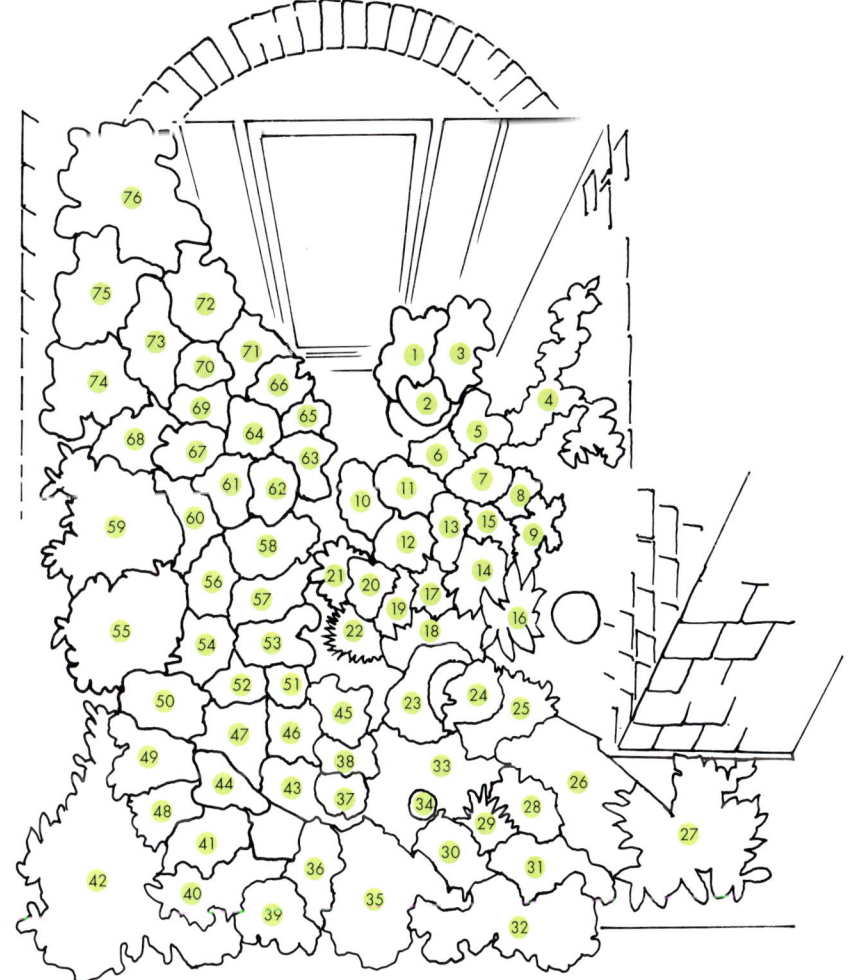

47 *Callisia fragrans*, Syn. *Spironema fragrans*
48 *Heuchera micrantha* var. *diversifolia* ›Palace Purple‹ (Purpurglöckchen)
49 *Hemerocallis* ›Chorus Line‹ (Taglilie)
50 *Filipendula ulmaria* ›Aurea‹ (Mädesüß)
51 *Calathea majestica* ›Roselinata‹
52 *Euphorbia myrsinites* (Walzenwolfsmilch)
53 *Clematis* ›Miss Bateman‹
54 *Agapanthus* ›Dorothy Palmer‹ (Schmucklilie)
55 *Pelargonium* ›Robe‹
56 *Androsace pubescens* (Mannsschild)
57 *Astrantia major* ›Sunningdale Variegated‹ (Große Sterndolde)
58 *Armeria* ›Bee's Ruby‹ (Gewöhnliche Grasnelke)
59 *Aster lateriflorus* ›Horzontalis‹ (Aster)
60 *Rosa* ›Little Buckaroo‹ (Rose)
61 *Camellia japonica* ›Lady Loch‹ (Kamelie)

62 *Begonia* Cocktail-Serie (Begonie)
63 *Diascia vigilis*
64 *Polystichum setiferum* (Weicher Schildfarn)
65 *Passiflora racemosa* (Rote Passionsblume)
66 *Dorotheanthus bellidiformis* ›Magic Carpet‹ (Mittagsblume)
67 *Chrysanthemum* ›Ringdove‹ (Chrysantheme)
68 *Celastrus scandens* (Amerikanischer Baumwürger)
69 *Rosa* ›Albertine‹
70 *Hebe cupressoides* ›Boughton Dome‹ (Strauchveronika)
71 *Alchemilla mollis* (Frauenmantel)
72 *Alstroemeria* ›Ballerina‹ (Inkalilie)
73 *Artemisia* ›Powis Castle‹ (Beifuß)
74 *Lonicera periclymenum* ›Graham Thomas‹ (Waldgeißblatt)
75 *Hedera colchica* ›Dentata Variegata‹ (Kaukasischer Efeu)
76 *Wisteria brachybotrys* ›Murasaki-kapitan‹ (Glyzine)

ELEMENTE

Im Mittelpunkt stehen in diesem Garten eindeutig die Pflanzen. Wände und Boden sind eher nüchtern und undekoriert. Der Boden aus schlichten roten quadratischen Platten bildet eine einheitliche Fläche, auf der die Pflanzen gut hervorstechen. Die Mauern sind weiß, was Gewächse und Blüten hervorhebt und den Garten größer und luftiger macht.

In der vom Haus am weitesten entfernten Ecke steht eine kleine rundliche Bank, auf der man sitzen und die Vorzüge eines geschützten, schattigen Platzes genießen kann. Außer der Bank gibt es in diesem Garten keine weiteren Elemente, hauptsächlich, weil nicht genug Platz dafür da ist, aber auch, weil die Pflanzen selbst alles bieten, was Sie von Schatten bis zu Farben und Bewegung benötigen.

PFLANZEN

In Topfgärten lässt sich eine unendliche Vielfalt von Pflanzen kultivieren, weil fast alle Arten bis zu einem bestimmten Alter oder ihr Leben lang in Gefäßen wachsen können. In manchen Fällen werden Breite und Höhe durch das Wachsen im Topf eingeschränkt. Solche Pflanzen, die in der Natur sehr groß werden würden, sind besser für Gärten geeignet. Eine sehr gute Kübelpflanze ist die Feige (*Ficus carica*), die sich im Garten, sich selbst überlassen, stark ausbreiten würde, ebenso wie Minze (*Mentha* ssp.) und andere wuchernde Pflanzen, die im Topf gezogen werden sollten; so können Sie sie genießen, ohne fürchten zu müssen, dass sie den ganzen Garten erobern. Krautige Sträucher und Bäume werden oft in Kübeln kultiviert, aber auch Beerensträucher und Zwergapfelbäume wachsen im Topf sehr gut, und Sie können dadurch eine größere Artenvielfalt in Ihre Gestaltung einbeziehen.

Gefäße sind in allen möglichen Materialien erhältlich: Kunststoff, Ton, Stein, Metall. Sie können sie auch selbst bemalen und verzieren, wenn Sie ein bestimmtes Farbthema bevorzugen. Man kann Töpfe einzeln oder, wie

Was einmal ein ziemlich düsterer Hof war, ist jetzt ein duftender, einladender, farbenfroher und abgeschiedener Aufenthaltsbereich. Trotz seiner geringen Fläche ist er ziemlich sonnig und geschützt, so dass man hier Pflanzen kultivieren kann, die an eher exponierten Lagen nicht wachsen würden. Wenn eine bestimmte Art sich an ihrem Platz nicht wohl fühlt, kann der Topf schnell an eine andere Stelle des Gartens getragen werden, bis der geeignete Standort schließlich gefunden ist.

Jeder mögliche Raum in diesem winzigen Garten ist mit bunten, duftenden Pflanzen gefüllt. Kübel, hängende Körbe und hohe Zelte bieten Gewächsen verschiedene Möglichkeiten, um darin oder daran zu wachsen, und an der Wand sind Spaliere angebracht, damit Kletterpflanzen diesen Bereich mit Laub und Blüten bedecken.

hier, in Gruppen anordnen, um sie zur Geltung zu bringen. Da sie sich problemlos herumtragen lassen, kann man mit den Pflanzen verschiedene Höhen und Formen arrangieren – diese Mobilität bietet ein Blumenbeet nicht!

In diesem Garten gibt es kein dominierendes Gewächs oder Element, der Blick wandert frei umher. So erscheint er größer, denn überall, wohin das Auge auch schaut, ist etwas Reizvolles und Aufregendes zu sehen.

Einige Pflanzen bringen runde Formen ein. Zierlauch (*Allium* ›Globemaster‹) hat weiche, purpurne, kugelige Blütenköpfe, Zimmerkalla (*Zantedeschia aethiopica*) auffällige, rein weiß in die Höhe ragende Hochblätter. Aus den gelblichgrünen Blüten des Korallenmooses (*Nertera granadensis*), das den Halbschatten liebt, werden rote glänzende Beeren, und die cremefarben umsäumten Blätter des Efeu *Hedera canariensis* ›Gloire de Marengo‹ bringen Farbe und immergrünes Laub an Mauern oder Spaliere.

Die Bepflanzung um die Abgrenzungen ist zusammengerückt, als sei der Garten ein einziges tiefes Beet mit höheren Pflanzen hinten und niedrigen davor. Das Besondere ist, dass hier Pflanzen wachsen, die man sonst nicht nebeneinander finden würde. Jede von ihnen verfügt in ihrem Topf genau über das Substrat, das sie braucht, so dass man auf kleinster Fläche eine enorme Artenvielfalt erreichen kann

TIPPS FÜR TOPFGÄRTEN

- Achten Sie darauf, dass jede Pflanze das geeignete Substrat erhält.
- Arrangieren Sie weit verbreitete Pflanzen mit ungewöhnlichen Arten wie Zimmerkalla (*Zantedeschia* ssp.) und Zierlauch (*Allium* ssp.).
- Halten Sie Ausschau nach Schädlingen wie Dickmaulrüsslern, die sich schnell ausbreiten und viele Pflanzen vernichten können.
- Halten Sie den Boden sauber und rutschfest.
- Geben Sie Wasser speichernde Tonkügelchen und Langzeitdünger ins Substrat, damit die Pflanzen gut gedeihen.

OBEN: Die Pflanzen in der hohen, dekorativen Vase und den vielen, zum Teil an der Wand hängenden Töpfen werden hier wegen ihrer schönen Blüten und Blätter gezogen.

LINKE SEITE: Leuchtend rote Petunien, buntblättriger Efeu und andere Blattpflanzen bilden einen schönen Kontrast zu dem kräftig blauen Gefäß.

Register

Bildnachweis